KB090997

서양 문화 속 괴물들의 이야기

괴물 도감

- 서양편 -

| 고고학자 지음 |

BM (주)도서출판 성안당

프롤로그

웬디고(wendigo)는 미국 동부와 캐나다에서 유래된 괴물로 키가 5m에 육박하며 악취를 동반하는 식인괴물로 공포의 상징으로 불린다. 눈보라가 치고 살이 떨리도록 추운 날에 나타나 사람을 해치는 무시무시한 존재인 이 괴물은 다행히도 인간의 상상력이 만들어낸 허구의 존재다. 이토록 무섭고 잔인하게만 묘사되지만 사실은 사람을 보호하기 위해서 만들어진 이야기로써 춥고 위험한 날씨에 함부로 돌아다니지 못하게 하기 위한 예방책으로 만들어진 괴물이다. 이렇게 인간이 만들어낸 괴물과 요괴에 관한 이야기에는 또 다른 이야기들이 숨어있기에 수없이 다양한 특징을 가진 괴물들이 탄생한 것이고, 이를 통해서 간접적으로 과거 인류의 삶을 엿볼 수 있다.

외국에서는 이러한 괴물들을 잘 보존하고 문화의 한 부분으로 가꾸어왔다. 할리우드 영화의 소재로 사용되는 것은 물론 게임과 드라마에서도 굉장히 많이 등장한다. 가까운 나라 일본에서도 애니메이션과 게임에 활용하여 커다란 문화를 만들어냈다. 하지만 국내에서는 전통적인 괴물을 잘 발전시켜 콘텐츠에 활용한 경우가 아직까지 많지 않다. 이 책을 통해서 단순히 징그럽고 무섭기만 한 괴물에서 벗어나 하나의 훌륭한 콘텐츠로 발전해나가길 바라는 마음이다.

이 책이 말하는 것

이 책에서는 세계 각국의 괴물을 일러스트로 소개하고 있으며, 작가의 주관적인 표현도 포함되어 있으므로 상상력을 더 가미해서 보는 것을 권장한다. 상상 속의 존재이기 때문에 입과 그림으로 전해진 자료를 토대로 그려냈고, 괴물의 모습이 당신이 상상했던 것과 조금 다를 수도 있다. 따라서 상상력의 나래를 맘껏 펼치길 바란다.

기본적으로 괴물이 유래된 지역과 추정되는 크기, 종류 등에 대해서도 설명하고 있는데 괴물의 생김새와 잘 연관 지어 본다면 좀 더 몰입해 즐길 수 있을 것이고 이 과정을 통해 새로운 문화를 접하길 바란다.

21세기의 최첨단 시대를 살아가는 현대인이 과거의 조상들이 만들어 낸 문화를 소비한다는 것은 곧 인류 역사의 한 부분을 새로운 형태로 즐기는 것이라 생각한다. 나라와 지역, 인종을 막론하고 전해지는 전설과 신화 속에서 항상 등장하는 괴물과 요괴는 현대인들이 즐기는 영화나 책과 같은 취미 중 하나가 아니었을까 생각한다. 비록 누군가에겐 무섭기만 한 괴물일지라도 당대의 사람들이 만들었던 상상력의 결정체라는 점을 생각하며 접한다면 시간을 아우르는 새로운 콘텐츠로 다가올 것이다.

차 례

가고일 프랑스 전설   8

가룸 북유럽 신화   10

고블린 유럽 전역 전설   12

고우고우 미국, 캐나다 전설   14

골렘 동유럽 유대인 전설   16

구아리바 보이아 아프리카 민담   18

구이아말라 아프리카 민담   20

그리폰 그리스 로마 신화   22

너클라비 스코틀랜드 민담   24

네인 루즈 미국, 프랑스 민담   26

담피르 유럽 전설   28

데이비 존스 영국 민담   30

델피네 그리스 로마 신화   32

듈라한 아일랜드 민담   34

드래곤 유럽 전설   36

드레카바크 동유럽 전설   38

딥사 아프리카, 유럽 전설   40

딩고넥 아프리카 전설   42

라미드레주 스페인 신화   44

라미아 그리스 로마 신화   46

라바 유럽 전설   48

라하라 남미 전설   50

레모라 유럽 전설   52

레시 유럽 전설   54

레이스 스코틀랜드 전설   56

로미와나리 브라질 전설   58

로페리테 미국 민담   60

리바이어던 서양 전역 전설   62

리자드맨 미국 민담   64

마핀구아리 아마존 전설   66

만드라고라 유럽 전설   68

만티고어 페르시아 제국 전설   70

메네후네 하와이 전설   72

메두사 그리스 로마 신화   74

모스맨 미국 민담	76	
모오 하와이 전설	78	
무누아네 콜롬비아 전설	80	
무리오슈 프랑스 민담	82	
미노타우로스 그리스 로마 신화	84	
미라 이집트 전설	86	
미르메콜레오 유럽 전설	88	
뱀파이어 유럽 전역 전설	90	
버그 베어 영국 민담	92	
버닙 호주 전설	94	
베히모스 서양 전역 전설	96	
벤시 아일랜드 전설	98	
보나콘 유럽 전설	100	
본 드래곤 아일랜드 전설	102	
부카박 북유럽 전설	104	
부타취 컨 일그스 스위스 전설	106	
블랙 애니스 영국 전설	108	

사르마티안 덴마크 전설	110	
사시 페레레 브라질 민담	112	
사차마마 페루 민담	114	
살라만더 유럽 전설	116	
샤다와르 그리스 전설	118	
샤프 엘보우 미국 전설	120	
세이렌 그리스 로마 신화	122	
스완 밸리 몬스터 미국 전설	124	
스켈레톤 서양 전역 전설	126	
스켈쟈스크림슬리 아이슬란드 전설	128	
스킨워커 미국 민담	130	
스킬라 그리스 로마 신화	132	
스핑크스 이집트, 그리스 신화	134	
썬더 버드 미국 신화	136	
아라크네 그리스 로마 신화	138	
아르고스 그리스 로마 신화	140	
아바리몬 유럽, 히말라야 전설	142	

아부후쿠 콜롬비아 전설	144	**온츄** 아일랜드 전설	178
알리칸토 칠레 전설	146	**와이번** 프랑스 전설	180
알파 서양 전역 전설	148	**요왈테포즈틀리** 멕시코 신화	182
알프 루아크라 아일랜드 전설	150	**웨어 울프** 서양 전역 전설	184
암피스바에나 아프리카 전설	152	**웬디고** 캐나다 민담	186
암훌룩 미국 전설	154	**재카로프** 미국 민담	188
애니멀리토 스페인 전설	156	**좀비** 중남미 전설	190
야라 마야 후 호주 신화	158	**촌촌** 아르헨티나, 칠레 전설	192
언 파나 브라질, 베네수엘라 전설	160	**추파카브라** 미국 민담	194
에틴 북유럽 신화	162	**카르분클로** 아르헨티나, 칠레 전설	196
에흐으시커 스코틀랜드 전설	164	**카번클** 남미 전설	198
엘 쿠에로 남미 전설	166	**카소고나가** 아르헨티나 전설	200
예이초 미국 전설	168	**카예리** 콜롬비아, 베네수엘라 민담	202
오리고루소 파푸아뉴기니 전설	170	**카콜** 프랑스 전설	204
오오켐판 아르헨티나, 칠레 전설	172	**카토벨파스** 미국, 아프리카 전설	206
오우거 프랑스 중심 유럽 전역 전설	174	**칼라드리우스** 유럽 전설	208
오자크 하울러 미국 전설	176	**케르베로스** 그리스 로마 신화	210

켈피 스코틀랜드 전설 212

코아 페루 전설 214

코카트리스 프랑스 전설 216

콩가마토 아프리카 민담 218

쿠시 스코틀랜드 전설 220

쿠카 브라질 전설 222

크라노콜랩티즈 이집트 전설 224

크라켄 북유럽 전설 226

크람푸스 유럽 전설 228

크로코타 그리스 전설 230

키클로프스 그리스 로마 신화 232

타라스크 프랑스 전설 234

타피레 이아우아라 브라질 전설 236

트라이큐스 프랑스, 벨기에 전설 238

틀리코틀 멕시코 신화 240

파몰라 미국 전설 242

파한 스코틀랜드 전설 244

팔 라이 유크 알래스카 전설 246

퍼쿠지 미국 전설 248

페리톤 유럽 전설 250

펠루다 프랑스 전설 252

포프 릭 몬스터 미국 민담 254

프레즈노 나이트크롤러 미국 민담 256

플랫헤드 레이크 몬스터 미국 전설 258

피닉스 서양 전역 전설 260

피시타코 페루 전설 262

피아사 미국 전설 264

피지터 프랑스 전설 266

하르피아이 그리스 신화 268

히포그리프 그리스 로마 신화 270

가고일

프랑스 전설 　인간형 (2~3m)

　　인간과 새가 섞인 모습의 괴물입니다. 가고일은 자연에서 태어나는 것이 아니라 흑마술이나 주술을 이용해 만들어 낼 수 있다고 합니다. 새처럼 뾰족한 얼굴과 날카로운 발톱, 그리고 긴 꼬리를 가지고 있으며 날카로운 발톱과 이빨로 사람들을 공격한다고 합니다. 가고일은 저승세계에서 빗물을 모으는 풍요의 괴물이지만, 지상에서는 인육을 즐겨 먹는 무서운 존재로 알려져 있으며, 여러 마리가 한번에 나타나 마을을 불태우고 사람들을 잡아먹는다고 합니다. 가고일은 불을 내뿜는 괴물이라 불에 태워도 머리와 목이 남게 되는데, 다시 깨어나는 것을 방지하기 위해 성당의 석상으로 만들고 비가 오면 물이 맺히게 했다고 합니다.

　　현재 많은 성당의 석상이 되어 사람들을 지켜준다고 합니다. 가고일은 다른 괴물들도 무서워하는 존재여서 괴물들의 위협을 막아주고 마을에 접근할 수 없게 만들기도 합니다. 과거에는 사람들을 잡아먹는 괴물이었지만, 지금은 사람들과 마을을 지켜주는 수호천사라고 생각하는 사람이 많다고 합니다.

가룸

북유럽 신화 야수형 (3~4m)

늘대의 모습을 한 괴물로, 네 개의 눈으로 명계(冥界, 저승)의 입구를 빈틈없이 지켜낸다고 합니다. 가룸이 지키고 있는 한, 산 자는 절대로 명계에 들어갈 수 없다고 합니다. 가룸은 명계의 주변 동굴에서 서식하는데, 목에는 커다란 족쇄가 채워져 자유롭게 돌아다닐 수 없다고 합니다. 굉장히 난폭한 성격을 가지고 있어 주변에서는 항상 악취와 피비린내가 진동하며, 특히 다른 사람에게 은혜를 베풀지 않는 자들에게 굉장히 야만적이라고 합니다.

가룸의 회색 털에는 가룸이 죽인 자들의 피가 항상 묻어있는데, 사람들에게 죽음을 경고하기 위해 일부러 피를 묻히고 다니는 것이라고 합니다. 늘대 인간의 모습으로 변하는 능력을 가지고 있지만, 이 능력을 본 자는 극히 드물며 훗날 세계가 멸망하는 날이 오면 가룸의 족쇄가 풀리고 인간 세계를 공격하러 나온다고 합니다. 그래서 가룸은 '세상의 공포'와 '혼돈' 그리고 '파괴'를 상징하기도 합니다.

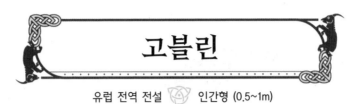

고블린

유럽 전역 전설 　인간형 (0.5~1m)

　교활하고 악랄한 성격으로 사람들에게 장난을 잘 치는 괴물이라고 하며 서양의 도깨비라고도 불리는 고블린은 사람의 형상과 유사하지만, 초록색의 쭈글쭈글한 피부를 가지고 있다고 합니다. 키는 난쟁이처럼 작고 아주 못생긴 얼굴에 입술 밖으로 튀어나온 이빨을 가지고 있습니다. 사람의 키보다 매우 작지만, 일반 성인보다 훨씬 힘이 세다고 합니다.

　고블린은 한곳에 정착하여 살지 않고 마구간, 동굴, 숲속 등의 어두운 곳을 돌아다니며 서식한다고 하며, 무리 지어 사는 경우도 많지만 독립적인 행동을 좋아하는 개체들도 있다고 합니다.

　사람들에게 장난치는 것을 너무 좋아해서 사람들을 넘어뜨리거나 길을 잃게 만드는 등 일부러 곤란한 상황에 빠트리곤 합니다. 어린아이와 말을 특히 좋아하는데, 마을에서 어린아이나 말이 갑자기 사라지면 모두 고블린의 짓이라고 생각한다고 합니다. 또한, 고블린은 돈과 보석을 좋아하기도 하여 숲속을 지나가는 사람들을 약탈하거나 빈집을 털어 가기도 합니다.

고우고우

미국, 캐나다 전설 　인간형 (12~13m)

　인간 남성을 주로 잡아먹는 인간 여성의 모습을 한 괴물로, 쿠쿠라 불리기도 하며 피부의 이곳저곳에 물고기 비늘이 덮여 있다고 합니다. 섬에 있는 산속에서 서식하며 멀리서 보면 커다란 바위로 보인다고 합니다. 고우고우가 소리를 지르면 사방에 메아리가 울려 퍼지고 움직이거나 걸으면 지구가 뒤흔들릴 정도로 땅이 흔들린다고 합니다.

　사람을 주로 잡아먹지만, 바다 근처를 걸으며 물고기를 잡아먹을 때도 있습니다. 커다란 자루를 들고 어부가 물고기를 잡듯이 지나가는 배와 사람을 잡아 올린다고 합니다. 많은 사람을 한번에 잡아먹으며 남은 사람들은 나중에 먹기 위해 자루에 담아놓는데, 이 자루가 너무 커서 지나가는 배에 닿기만 해도 배가 난파된다고 합니다. 몸집이 너무 거대해서 사람을 어깨에 들쳐 메고 있는 모습이 마치 사람이 토끼를 어깨에 메고 다니는 모습과 비슷하다고 합니다.

골렘

동유럽 유대인 전설 　 정령형 (4~5m)

　바위로 만들어진 거대한 괴물로, 어마어마한 크기를 자랑하며 덩치가 커서 굉장히 둔하고 행동이 느리지만, 힘은 상상할 수 없을 정도라고 합니다. 골렘의 주먹 한 방은 지진을 일으키고 산 하나를 무너뜨릴 정도의 위력을 가지고 있습니다. 바위로 만들어졌지만, 몸이 강철만큼 단단하여 웬만한 공격에는 상처도 입지 않는다고 합니다.

　골렘은 저절로 나타나는 것이 아니라 마법사의 주문으로 만들어진다고 하며, 마법사가 사람 모양의 인형을 빚고 주문을 걸면 골렘이 깨어나게 됩니다. 골렘은 영혼이 없어 오로지 주인의 말에 따라 움직이고 살아갑니다. 주인의 명령 이외에는 듣지 않고 판단도 혼자 할 수 없는 골렘의 이름에는 '멍청한', '무력한' 이라는 뜻이 담겨 있습니다. 종종 주인을 잃은 골렘을 볼 수 있는데, 그 골렘은 무차별하게 주먹을 휘두르며 보이는 것마다 다 파괴하고 다닌다고 합니다. 골렘은 바위 이외에도 진흙이나 강철로 만들어진 개체도 있으며 각기 다른 특성을 보여줍니다.

구아리바 보이아

아프리카 민담 혼합형 (1.5~2m)

뱀의 몸에 원숭이 머리가 달린 괴물로, 아울러 원숭이 뱀이라 불리기도 하며 아마존 강과 네그루 강에서 서식한다고 합니다. 구아리바 보이아는 자신의 모습을 자주 드러내지 않고 강 밑바닥에서 굴을 파고 돌아다니거나 진흙 속과 해초 사이로만 돌아다닌다고 합니다.

구아리바 보이아는 특이한 울음소리를 내고 다녀 이 울음소리가 들릴 때만 위치를 파악하고 피해 다닐 수 있다고 합니다. 특히 비가 오는 날에는 더 요란한 소리를 내며 큰소리로 포효한다고 합니다. 배가 고플 때만 모습을 드러내는데, 지나가는 사람이나 짐승을 날카로운 송곳니로 공격해 독을 퍼트립니다. 구아리바 보이아에게 물리면 굉장히 고통스러우며 단시간에 목숨을 잃게 되어, 먹잇감이 완전히 숨을 거두면 그때 한입에 삼켜 먹는다고 합니다.

구이아말라

 아프리카 민담 동물형 (5~6m)

낙타의 모습을 한 괴물로, 코끼리보다 거대한 몸집에 온몸에는 황갈색 점이 덮여 있고 등 쪽에는 볼록한 혹이 나 있다고 합니다. 혹의 개수는 개체마다 다르지만 보통 1~2개 정도가 달려 있다고 하며, 머리에는 7개의 뾰족한 검은색 뿔이 나 있는데, 누군가에게 공격당했을 때만 방어용으로 사용한다고 합니다. 이 뿔은 계속 자라나다가 약 60cm 정도가 되면 저절로 떨어져 나가고 그 자리에는 새로운 뿔이 자라난다고 합니다.

구이아말라는 굉장히 온순한 성격으로 누군가를 먼저 공격하지 않으며 가시나무를 먹고 산다고 합니다. 평소에도 적게 먹는 편이며 아주 조금만 먹어도 무리 없이 활동할 수 있다고 합니다. 대부분 건조한 지역에서 서식하며 사람들을 태워주거나 짐을 옮겨주는 등의 도움을 주기도 합니다. 또한, 구이아말라의 살은 굉장히 부드러워서 사람이 먹을 수도 있다고 합니다.

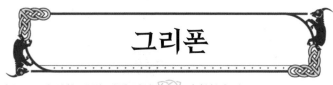

그리폰

그리스 · 로마 신화, 유럽 전역 전설　혼합형 (2m)

　그리폰, 그리핀, 그리 포스, 그리 페스로 불리는 괴물입니다. 사막이나 산속 동굴에 주로 서식하며 새보다 훨씬 큰 몸집을 가지고 있지만, 보통의 새처럼 둥지를 틀고 지낸다고 합니다. 그리폰은 자신의 둥지에서 마노(보석류)로 된 알을 낳아 개체를 늘려나간다고 합니다. 사자의 몸과 독수리의 날개를 가지고 있고, 등은 단단한 쇠로 덮여 있어 그리폰의 몸은 강철 무기로도 뚫을 수 없다고 합니다. 또한 긴 발톱으로 정확하게 사냥감을 노려 사냥에 실패하는 일이 없다고 합니다.

　동물의 왕인 사자와 새들의 왕인 독수리가 합쳐져 왕을 상징하여 여러 신과 왕가의 사랑을 받는 괴물로, 신들의 다양한 '보물을 지키는 수호자', '파수꾼'의 역할을 합니다. 하지만 사람들이 신들의 물건을 탐하거나 너무 많은 욕심을 부리면 그리폰이 벌을 내린다고 합니다. 그리폰은 말고기를 좋아해서 평소에는 사람을 공격하지 않지만, 식성이 좋아 끊임없이 먹이를 구하러 다닌다고 합니다.

너클라비

스코틀랜드 민담 정령형 (5~6m)

너클라비, 너클래비로 불리는 괴물입니다. 말의 등에 사람의 몸통이 붙어 있는 모습이며, 피부가 다 벗겨져 있어서 근육과 혈관이 눈에 그대로 보인다고 합니다. 밑에 붙어 있는 말의 거대한 입에서는 지독한 냄새를 풍기는 유독 가스가 흘러나오며 얼굴 중앙에는 언제나 붉은 화염으로 불타오르는 커다란 외눈이 달려 있고, 다리에는 지느러미가 달려 있다고 합니다.

너클라비는 주로 바닷가에서 나타나며 비가 오는 날에는 나타나지 않는다고 합니다. 물속에 주로 서식하지만, 물속에서 어떤 모습을 하고 있는지 전혀 알려지지 않았습니다. 너클라비가 육지로 올라오면 농작물을 시들게 하고 가축들을 병들게 하는데, 너클라비의 숨결이 온 세상에 역병을 퍼뜨리고 동식물들을 다 죽이기 때문에 전염병과 가뭄의 근원이라고 합니다. 바다처럼 소금기가 있는 물에서만 살고 들어갈 수 있어서 너클라비를 만나면 강으로 도망쳐야 따돌릴 수 있다고 합니다.

네인 루즈

미국, 프랑스 민담 악마형 (0.7~1m)

붉은 피부와 붉은 눈이 달린 괴물입니다. 다양한 지역에서 늦은 밤에만 나타나며, 네인 루즈의 눈은 밤에도 선명하게 빛이 난다고 합니다. 귀와 이빨은 굉장히 뾰족하고 이빨은 다 썩어있으며 썩은 이빨이 잘 보이는 크고 찢어진 입을 가지고 있다고 합니다. 네인 루즈는 불에 타지 않기 때문에 쫓아낼 때는 얼음이나 드라이아이스 등의 차가운 물질들을 이용하는 것이 좋다고 합니다. 네인 루즈가 나타난 곳에는 큰 전투나 전쟁, 화재, 자연재해 등의 끔찍한 일이 발생하고 그곳에 시체가 쌓이면 네인 루즈는 그 위에서 춤을 추고, 주변의 강은 붉게 물든다고 합니다.

네인 루즈는 '파괴'와 '불운'의 상징이며 매년 사람들은 네인 루즈를 다른 동네로 쫓아내는 의식을 치릅니다. 네인 루즈가 다시 마을에 돌아왔을 때 개인적인 복수를 하지 못하도록 마을 사람들은 모두 똑같은 분장에 똑같은 옷을 입고 의식을 진행한다고 합니다.

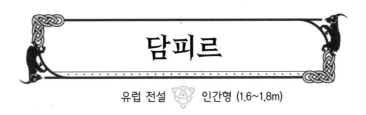

담피르

유럽 전설 　 인간형 (1.6~1.8m)

　뱀파이어와 인간 사이에서 태어난 혼혈로, 인간의 모습을 하였으며 뱀파이어를 사냥할 수 있는 괴물입니다. 개체마다 다른 특성을 가지고 태어나며 뱀파이어의 강점만 물려받아 강력한 능력을 지니고 있거나, 인간의 능력을 더 많이 받아 약한 담피르가 될 수도 있다고 합니다.

　대부분 뱀파이어처럼 강한 힘을 타고나지만, 햇빛이나 은으로 만든 제품에 상처를 입는 등의 약점은 전혀 가지고 있지 않다고 합니다. 사람의 피를 마시지 않고 일반 음식을 섭취하며 살아가며, 뱀파이어를 탐지하는 능력도 지니고 있어 성인으로 성장하기만 해도 뛰어난 뱀파이어 헌터가 될 수 있다고 합니다. 하지만 담피르가 목숨을 잃으면 뱀파이어로 변하게 된다고 합니다.

데이비 존스

영국 민담　악마형 (1~2m)

　심해에 사는 사악한 괴물로, 바다가 있는 곳이라면 어디서든 나타난다고 합니다. 심해에 사는 다양한 거대 괴수나 심해어의 모습으로 나타날 수도 있지만, 보통은 날카로운 여러 줄의 이빨과 시커먼 눈을 가진 무서운 악령의 모습을 하고 있다고 합니다. 데이비 존스가 나타나면 바다 위의 배들은 허리케인, 폭풍 등의 재난을 맞닥뜨리게 됩니다. 그래서 배를 타고 바다를 누비는 선원들은 데이비 존스를 만나는 것을 가장 무서워하며, 실제로 서로 이야기하는 것조차 꺼린다고 합니다.

　바다에서 죽음을 맞이한 사람들은 '데이비 존스의 상자(Davy Jones' locker)로 갔다.'고 하는데 데이비 존스의 상자는 죽음의 땅이라고 불리는 바다의 가장 밑바닥을 의미합니다. 이곳으로 들어가게 된 영혼은 다른 세계로 이동할 수 없고 환생도 하지 못하며 영원히 그 안에서 맴돌게 된다고 합니다. 그래서 데이비 존스는 바다의 많은 영혼을 관리하는 두려운 관리자이자 '바닷속 불운'의 상징이라고 합니다.

델피네

그리스 로마 신화 혼합형 (7~8m)

인간 여성의 상반신과 뱀의 하반신이 합쳐진 모습의 괴물로, 델피네는 지구 최초의 대홍수가 일어났을 때 남겨진 썩은 물에서 태어나 킬리키아의 코리키온 동굴에서 서식한다고 합니다. 거인이지만 강한 힘을 사용하기보다는 활을 쏘거나 기술을 사용하여 전략적으로 상대를 제압한다고 합니다. 누구나 즉사시킬 수 있는 매우 치명적인 독을 가지고 있으며 입에서 나오는 불은 강철도 녹아내릴 만큼 뜨겁다고 합니다.

델피네는 앞이 보이지 않는 어두운 밤에도 멀리 떨어져 있는 물체를 정확히 확인할 수 있는 시야를 가지고 있습니다. 숲속을 돌아다닐 때는 거대한 몸으로 온 나무를 긁어대며, 끔찍한 소리가 난다고 합니다. 델피네와 눈이 마주치면 도망갈 수도 저항할 수도 없기 때문에 절대 정면으로 마주치면 안 된다고 하며, 누군가 델피네를 만나게 되면, '그 사람에게는 파멸의 날이 덮친다.'는 말도 있을 정도라고 합니다. 그리고 델피네가 피를 흘리면 주변에 전염병이 태풍처럼 불어오는데, 이 전염병은 특히 남성에게 치명적이라고 합니다.

듈라한

아일랜드 민담 　악마형 (2~3m)

　얼굴 없이 검은 말에 탄 채로 여러 마을을 돌아다니는 괴물입니다. 듈라한은 사람이 쳐다보는 것을 싫어하기 때문에 듈라한과 마주친 사람은 그 자리에서 죽음을 맞이한다고 합니다. 인간의 척추로 만든 채찍을 가지고 다니며, 가끔 자신의 얼굴을 들고 다닐 때도 있는데, 얼굴은 징그러운 형상으로 입은 양쪽 끝으로 찢어져 있습니다. 피부는 곰팡이가 피고 썩어 있지만, 갑옷으로 가려져 있어 본 사람이 거의 없으며 주변에는 비릿한 냄새가 난다고 합니다. 항상 갑옷을 입은 모습으로 어두운 밤에 나타나기 때문에 여성인지 남성인지는 정확히 알 수가 없다고 합니다.

　듈라한은 마을 이곳저곳을 돌아다니다가 한 집 앞에 멈춰 서서 노크하는데, 집 안에서 누군가가 나오면 피를 쏟아붓거나 그 사람의 이름을 세 번 불러 영혼을 빼앗아 간다고 합니다. 사람이 직접 문을 열어주지 않아도 열 수 있으며 다음 타깃이 된 집 앞에는 전 희생자의 피를 흘려 표시해둔다고 합니다. 듈라한을 막는 유일한 방법은 금으로 된 물건을 착용하고 있는 것이라고 합니다.

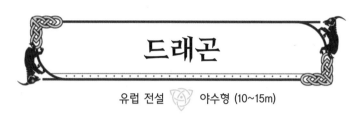

드래곤

유럽 전설 　야수형 (10~15m)

거대한 공룡의 몸에 박쥐의 날개를 가진 괴물로, 온몸은 비늘로 덮여 있고, 날카로운 이빨과 발톱을 가지고 있다고 합니다. 불과 얼음 브레스를 뿜어대거나 번개를 날리는 등 개체마다 매우 다른 특성을 가지고 있다고 하며, 보통 드래곤 한 마리가 뿜는 브레스는 산을 통째로 없애 버릴 수 있을 정도의 위력이라고 합니다. 천 년 이상의 수명을 가지고 있는 드래곤들은 그들의 뛰어난 지능과 지혜를 합쳐 엄청난 마법을 사용할 수 있다고 합니다.

주로 깊은 산속이나 화산, 동굴 등에서 서식한다고 하며 그들의 서식지에 인간이 들어오면 바로 죽여 버린다고 합니다. 하지만 인간이나 다양한 동물들의 모습으로 변신할 수 있어서 생각지도 못한 장소에 숨어 사는 드래곤들도 많이 있습니다. 또한, 드래곤의 피와 살은 다양한 약재의 재료가 되는데, 쉽게 고치지 못하는 병을 고치거나 인간도 마법을 사용할 수 있게 만들어주어 굉장히 희귀한 재료라고 합니다. 드래곤의 피를 마시면 동물들과 소통할 수 있게 되고 드래곤의 가죽으로 만든 갑옷은 어떠한 공격도 막아준다고 합니다.

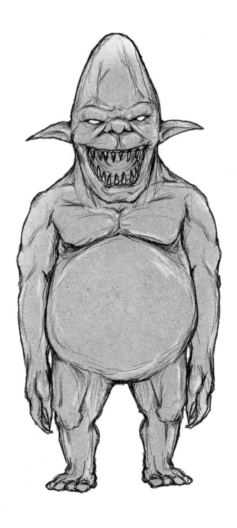

드레카바크

동유럽 전설 **악마형 (0.5~0.6m)**

어린아이의 모습이나 작은 동물의 모습을 한 괴물입니다. 세례 받지 못한 어린아이들의 영혼으로부터 탄생한다고 하는 드레카바크는 평소에 어린아이의 모습을 하고 있으며, 작은 동물들로 변신할 수 있다고 합니다. 가느다란 몸에 비해 얼굴은 매우 크며, 동물의 울음소리와 아이의 비명이 섞인 끔찍한 울음소리를 내는데, 한번 울기 시작하면 해가 뜰 때까지 멈추지 않는다고 합니다.

드레카바크는 마을과 조금 떨어진 묘지나 숲속에서 자주 출몰하는데, 숲속에서 드레카바크를 만나면 사람들은 길을 잃게 되고 마을에 드레카바크가 나타나면 반드시 죽음이나 전염병이 발생한다고 합니다. 어린아이의 모습으로 나타나면 사람이 죽거나 병을 얻으며, 동물의 모습으로 나타나면 곡식과 가축들이 병들어 죽게 된다고 합니다. 또한, 드레카바크와 멀리서 마주치기만 해도 병을 얻거나 죽을 수 있어 드레카바크의 그림자조차 조심해야 한다고 합니다. 한편 밝은 빛을 싫어해 아주 어두운 밤에 나타났다가 해가 뜨기 전에 사라진다고 합니다.

딥사

아프리카, 유럽 전설 　동물형 (20~25m)

거대한 뱀의 모습을 한 괴물로, 깊은 사막에서 마주칠 수 있으며 사람을 잡아먹기보다는 독에 중독되게 만든다고 합니다. 거대한 몸집을 가지고 있지만, 아무도 모르게 주변으로 접근할 수 있다고 합니다.

간혹 눈에 보이지 않을 만큼 작은 딥사가 존재한다고 합니다. 작은 딥사는 사람들이 사는 마을의 창고나 어두운 곳에서 주로 서식하는데, 그 크기가 너무 작아 사람들이 딥사의 존재를 확인할 수도 없으며 딥사에게 물린 상처는 아무런 통증이나 느낌이 없고 독에 중독되면 끊임없는 갈증에 시달린다고 합니다. 독이 뼈와 장기로 스며들어 열이 오르게 하고 몸의 모든 액체를 마르게 합니다. 혀와 목구멍을 마비시켜 아무리 물을 마셔도 갈증이 해소되지 않으며, 결국에는 물을 너무 많이 마셔서 배가 터져 죽거나 자신의 몸에 상처를 내어 나오는 피를 마시다 목숨을 잃게 된다고 합니다. 딥사의 독에 중독된 후 살아남은 사람은 없다고 합니다.

딩고넥

아프리카 전설　야수형 (4~5m)

　기다란 몸통에 표범의 얼굴이 달려 있는 괴물입니다. 얼굴에는 두 개의 날카로운 엄니가 나 있고 온몸은 단단한 비늘이 덮여 있다고 하며, 이 비늘은 총으로도 뚫을 수 없다고 합니다. 꼬리는 전갈의 꼬리와 비슷하거나 여러 개의 가시가 돋아나 있는 모습으로 어떠한 모습이든 모두 치명적인 독을 지니고 있다고 합니다.

　딩고넥은 날카로운 발톱이 달린 발로 돌아다니는 곳마다 거대한 발자국을 남기기도 합니다. 대부분 강이나 호수에서 서식하는데, 성격이 굉장히 공격적이어서 자신의 영역으로 들어오는 생물을 모두 잡아먹어 버린다고 합니다. 사람은 물론 코끼리나 하마 같은 큰 동물들도 한입에 삼켜 버린다고 합니다.

라미드레주

스페인 신화　　동물형 (0.6~1m)

　족제비의 모습을 한 괴물로, 녹색 털이 온몸을 덮고 있으며 뱀처럼 긴 몸과 꼬리를 가지고 있다고 합니다. 얼굴에는 돼지 코와 작은 엄니가 달려 있어 언뜻 보면 돼지와 비슷해 보이기도 합니다. 라미드레주의 녹색 털은 치유 능력이 있어서, 모든 병을 고칠 수 있는 만병통치약으로 불린다고 하며, 마법적인 효능도 가지고 있어서 다양한 곳의 재료로 사용된다고 합니다.

　라미드레주는 보석을 굉장히 좋아해서 수집하는 버릇이 있다고 하는데, 자신의 코를 이용해 땅속 깊은 곳까지 냄새를 맡고 다시 엄니를 이용해 땅굴을 파서 찾아 들어간다고 합니다. 사람들은 이처럼 금광을 쉽게 발견해내는 능력을 지닌 라미드레주를 찾기 위해 엄청난 노력을 쏟았지만, 100년에 한 번 태어나는 라미드레주를 소유하기는 쉽지 않았다고 합니다.

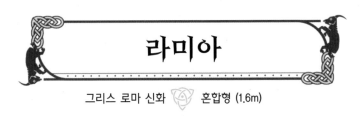

라미아

그리스 로마 신화 혼합형 (1.6m)

상반신은 인간 여성, 하반신은 뱀의 모습을 한 괴물입니다. 라미아는 그리스 로마 신화에 나오는 신 제우스의 사랑을 받는 아름다운 여성이었습니다. 하지만 이 사실을 제우스의 아내 여신 헤라에게 들켜 저주를 받아 자식들을 모두 잃게 되었다고 합니다. 헤라는 라미아의 아이들을 훔쳐 가거나 라미아가 아이들을 직접 죽이도록 했습니다. 이후 라미아는 슬픔에 빠져 어린아이들을 잡아먹는 괴물이 되었다고 합니다. 갓 태어난 아이들을 엄마의 품에서 뺏어와 한입에 삼켜버리거나 젊은 남성들을 유혹하여 피를 빨아 먹는다고 합니다. 사냥 전에는 사냥감을 몰래 쫓아다니는 것을 즐기기도 합니다.

한편, 다른 동물로 변신하거나 미래를 예측하는 능력이 있다고 합니다. 라미아는 헤라의 저주로 인해 눈을 감거나 잠에 빠질 수 없지만, 제우스가 라미아를 불쌍히 여겨 눈을 자유롭게 떼어낼 수 있는 능력을 주었다고 합니다. 라미아가 눈을 뜨고 있을 때는 아이들을 잃은 슬픔에서 벗어나지 못한다고 합니다.

라바

유럽 전설 　 곤충형 (1.5m)

　지렁이의 몸에 사람 얼굴이 달린 괴물입니다. 지옥의 사자인 라바
는 지옥에서 가장 이기적이고 잔인한 존재로 일컬어지며, 지옥에서 가
장 낮은 계급이어서 라바는 높은 계급을 얻기 위해 다른 라바를 죽여 가
죽을 뺏는다고 합니다. 라바의 몸에서는 고름이 흘러나와 라바가 지나
간 자리에는 시체 썩는 냄새가 난다고 하며 이 냄새는 땅에 스며듭니
다. 느릿느릿하게 움직이며 밤에 주로 나타나 사람들을 괴롭히고 놀라
게 합니다.

　라바는 엄청난 재생 능력이 있어서 누군가 라바를 재로 만들어도 시
간이 흐르면 완전히 재생된다고 합니다. 그래서 성스러운 무기나 성
수를 사용해 완전히 죽일 수 있으며, 다른 괴물이 라바를 먹어도 죽는
다고 합니다. 하지만 사람들은 라바를 완전히 죽일 수 없기 때문에 라
바가 싫어하는 콩을 이용해서 검은콩을 태우거나 뿌리면 라바를 쫓아
낼 수 있다고 합니다.

라하라

남미 전설　야수형 (13~15m)

　뱀의 모습을 한 거대한 괴물입니다. 썩은 나무를 닮은 모습이기도 하고 발이 달린 것도 있고 없는 것도 있다고 합니다. 라하라는 깊은 늪지대에서 서식하며 기분이 좋을 때마다 소리를 내면서 자신의 위치를 알려줍니다. 이때는 운 좋게 라하라를 피해갈 수 있지만, 라하라가 소리를 내지 않으면 어디에 있는지 전혀 알 수 없다고 합니다.

　라하라는 애완용으로 데리고 있는 작은 새를 이용해 사람들을 자신의 영역으로 유인한다고 합니다. 작은 새는 라하라가 숨어 있는 곳 근처의 나뭇가지에 앉아서 사람들을 유인하여 사람이 가까이 오면 라하라가 나타나 한입에 삼켜 버린다고 합니다. 한편, 홍수 같은 자연재해를 일으킬 수 있는 능력을 가지고 있다고 합니다.

레모라

유럽 전설 　 어류형 (0.5m)

　머리에 뿔이 나 있는 물고기 모습을 한 괴물로, 에체네이스라고도 불립니다. 바다에서 서식하며, 바위 위에서 자주 볼 수 있고 밤에 주로 나타난다고 합니다. 레모라의 몸은 돌처럼 단단하며 레모라가 숨을 쉬면 공기가 얼어붙는다고 합니다. 작은 몸이지만, 지나가는 큰 배들을 움직일 수 없게 만들거나 침몰시켜 버릴 수도 있으며, 폭풍우가 쳐도 레모라가 배를 막으면 이동할 수 없다고 합니다. 레모라에게 발이 있다는 전설도 있지만 레모라의 긴 지느러미를 착각한 것이라고 합니다.

　레모라는 사람들이 먹을 수는 없지만, 레모라의 비늘은 약의 재료로 사용된다고 합니다. 또한 레모라의 몸에 금을 끌어들이는 성질이 있어 소금에 절인 레모라를 이용해 깊은 물속에 있는 금을 채취할 수도 있다고 합니다. 한편, 레모라라는 이름 자체에 '느려지게 하다'라는 뜻이 담겨 있어서 법정에서 소송을 늦추는 주문으로 사용한다고 합니다.

레시

유럽 전설 　정령형 (1.7m)

숲에 서식하며 숲과 동물을 보호하는 괴물입니다. 레시는 보통 성인 남성 정도의 키로, 숲에서는 나무보다 커질 수도 있고 잔디보다 작아질 수도 있다고 합니다. 머리에는 커다란 두 개의 뿔이 나 있으며 얼굴과 몸에는 나무의 덩굴로 만든 털과 수염이 있습니다. 레시는 가끔 인간의 모습으로 나타나기도 하는데, 농부나 목동의 모습을 하고 신발을 거꾸로 신고 있다고 합니다. 하지만 레시의 본모습은 그림자도 없고 발자국도 남지 않아 실제 모습을 확인하는 것은 힘든 일이라고 합니다. 숲속에서 누군가 따라오는 느낌이 들어 뒤를 쳐다봤을 때 아무도 없다면 레시가 순식간에 자취를 감춘 것이라는 말이 있습니다.

레시는 숲속에 사람이 들어오는 것을 좋아하지 않아 일부러 길을 잃게 만들기도 합니다. 다른 사람의 목소리를 흉내 내어 유인하고 숲의 표지판을 없애버릴 때도 있습니다. 사람을 죽이지는 않으며 해가 질 때쯤에는 집으로 돌아가는 길을 열어준다고 합니다. 하지만 나무들이 시드는 가을과 겨울이 되면 레시의 기분이 나빠지기 때문에 이 시기에 숲에 들어가는 것은 굉장히 위험한 일이라고 합니다. 이때 숲에서 끔찍한 울음소리가 들리면 슬픔에 빠진 레시가 울부짖는 소리라고 합니다.

레이스

스코틀랜드 전설 　악마형 (1.6~1.8m)

　사람들의 영혼을 훔치는 괴물로 알려져 있으며, 레이스는 마녀들이 수명을 연장하기 위해 흑마술이나 주술을 사용하다가 생겨났다고 하며, 레이스가 나타나면 기온이 떨어지고 주위가 어두워진다고 합니다. 항상 검은 망토를 두르고 그림자처럼 공중에 떠 있습니다. 해골처럼 얇고 가는 팔다리를 가지고 있으며 굉장히 빠른 속도로 움직입니다. 엄청난 힘을 가진 불멸의 존재이지만 영원히 이 세상을 떠돌아야 한다고 합니다.

　레이스는 한 번의 손길로 사람의 생명을 가져가고 영혼을 훔칠 수 있다고 합니다. 항상 분노로 가득 차 있으며 마주치는 사람의 영혼을 모두 훔쳐 가지만, 개인의 원한에 의해 움직이는 경우도 있다고 합니다. 레이스에 의해 죽은 사람은 레이스가 사라지지 않는 한 그들과 함께 영원히 떠돌아다니는 저주를 받게 됩니다. 또한, 모든 물체를 통과할 수 있어 일반 무기로는 레이스를 쫓아낼 수 없으며 성스러운 무기나 축복받은 무기로 소멸시킬 수 있다고 합니다.

로미와나리

브라질 전설　조류형 (3~4m)

　새의 모습을 한 괴물로, 얼굴에는 가위처럼 벌어진 커다란 부리와 찢어진 눈이 달려 있습니다. 울음소리는 휘파람 소리와 비슷하며 이 울음소리를 들으면 굉장히 섬뜩한 느낌이 든다고 합니다. 로미와나리는 산 사람을 잡아먹는 것을 좋아하는데, 죽은 사람의 영혼까지 먹어 치워버리는 능력이 있다고 합니다.

　오래전 한 부부가 한 쌍의 로미와나리를 동굴에서 마주쳐 임신한 아내가 먼저 도망을 가고 그동안 남편이 로미와나리를 막으려고 노력했지만, 결국 남편은 목이 잘려 목숨을 잃었습니다. 아내가 마을에 도움을 요청해 로미와나리를 해치울 수 있었지만, 사람들은 동굴 안쪽에 로미와나리가 더 있다는 사실을 알지 못했다고 합니다. 하지만 아내의 아이가 금방 자라나 로미와나리가 마을을 공격하기 전에 먼저 로미와나리를 사냥하러 갔고, 나머지를 모두 해치워 아버지의 원수를 갚을 수 있었다고 합니다.

로페리테

미국 민담　조류형 (1.2~1.5m)

　새의 모습을 한 괴물입니다. 로페리테의 부리는 끈 형태로 끝 쪽이 동그랗게 밧줄이 묶여 있는 모양을 하고 있는데, 이 부리를 이용해 먹잇감을 낚아챈 후 먹잇감이 목숨을 잃을 때까지 가시덤불 사이를 돌아다닌다고 합니다. 로페리테는 가죽처럼 질기고 단단한 피부를 가지고 있어서 가시나 바위에 긁히거나 상처를 입지 않는다고 하며, 꼬리에 달린 방울을 이용하여 소리를 내서 적을 위협하기도 합니다.

　로페리테는 날개가 있기는 하지만 날 수는 없으며 엄청난 속도로 뛰어다니기만 하는데, 그 속도가 너무 빨라서 멀리서 보면 마치 날고 있는 것처럼 보인다고 합니다. 로페리테가 달리는 중에는 그 무엇도 로페리테를 막을 수 없으며 차와 부딪혀도 속도가 느려지지 않고 그대로 달려 나간다고 합니다.

리바이어던

서양 전역 전설　야수형 (측정 불가)

　리바이어던, 레비아탄으로 불리는 괴물입니다. 리바이어던은 세계 최초의 생명체 중 하나로 성질이 포악하다고 합니다. 리바이어던은 바다에서만 서식한다고 알려져 있는데, 너무 거대해서 바다 그 자체로 해석되기도 합니다.

　혼자 있는 것을 즐기며 온몸에는 딱딱하고 두꺼운 비늘이 덮여 있다고 합니다. 코에서는 연기가 나오고 입에서는 불을 내뿜습니다. 리바이어던이 분노해 불을 뿜으면 바다가 끓고 많은 물고기가 죽어 떠다닌다고 합니다. 가끔 육지에도 올라갈 수 있는데, 리바이어던이 지나간 길은 두꺼운 지느러미 때문에 땅에 자국이 남는다고 합니다.

　원래는 두 마리의 리바이어던이 존재했지만, 두 마리가 함께 바다에 있으면 바닷물이 넘쳐흐르고 그들의 자손들이 세계를 점령할 수도 있기 때문에 한 마리는 육지로 보내졌다고 합니다. 육지로 보내진 리바이어던은 베히모스(97p 참고)가 되었고, 베히모스는 리바이어던과 반대되는 온순한 성격을 가지고 있다고 합니다.

리자드맨

미국 민담　인간형 (2m)

　도마뱀 모습을 한 괴물로, 미국 사우스캐롤라이나주의 수영장에서 자주 출몰하며 실제로 도시에서도 많은 목격자가 있다고 합니다. 인간의 화학적 실험이나 자연의 저주를 받아 태어난 생물이라고 합니다. 리자드맨은 온몸이 녹색 비늘로 뒤덮여 있고 미끌미끌한 피부와 날카로운 손발톱을 가지고 있으며, 실제 도마뱀처럼 나무나 건물에 붙어 있을 수 있다고 합니다. 매우 빠른 속도로 움직이며 금속도 찢을 수 있는 힘을 가지고 있습니다. 밤에도 빛나는 눈을 가지고 있어 멀리서도 확인할 수 있습니다.

　최면 작용이 있는 독으로 사람을 공격하기도 하는데, 리자드맨에게 물리거나 긁힌 사람은 영원히 잠에 빠져든다고 합니다. 사람을 보면 공격하지만 어디론가 금방 사라진다고 합니다. 사우스캐롤라이나주에서는 가끔 짐승이 울부짖는 소리가 나거나 물건들이 부서져 있는데, 사람들은 모두 리자드맨이 한 짓이라고 생각합니다. 지금도 리자드맨은 많은 관심을 받고 있으며 리자드맨을 사냥하기 위해 여러 사람이 움직이고 있다고 합니다.

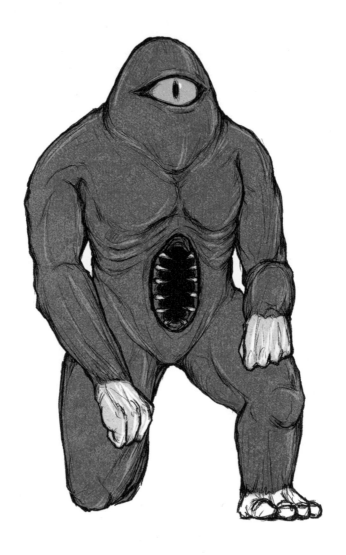

마핀구아리

아마존 전설 　　　 인간형 (2~3m)

　유인원과 나무늘보를 섞어 놓은 모습의 괴물로, 아마존의 깊숙한 곳에 살며 물을 싫어해 마른 땅이 있는 곳을 찾아다닌다고 합니다. 항상 지독한 악취를 풍기며 느릿한 움직임을 보입니다. 실제로 마핀구아리의 악취를 맡아본 사람은 그 자리에서 바로 기절했다고 합니다. 마핀구아리는 머리에 눈이 하나 있고 온몸이 붉은 털로 덮여 있으며 그 안에는 총과 칼을 막아내는 단단한 피부가 있다고 합니다.

　네발로 기어 다닐 때가 많지만, 두 발로 걸어 다닐 때도 있습니다. 으르렁거리는 기괴한 소리를 내며 먹이를 찾아다니는데, 마핀구아리가 지나간 길에는 나무들이 찢겨 있고 커다란 발자국이 나 있습니다. 마핀구아리가 두 발로 일어서면 몸 가운데에 커다란 입이 보이는데 그 입으로 어떠한 생물도 먹어 치울 수 있다고 하며, 자신보다 크기가 큰 동물들도 한 입에 잡아먹을 수 있다고 합니다. 지금까지 사람을 잡아먹은 적은 없지만, 사람을 싫어해 마주치면 날카로운 발톱으로 공격합니다.

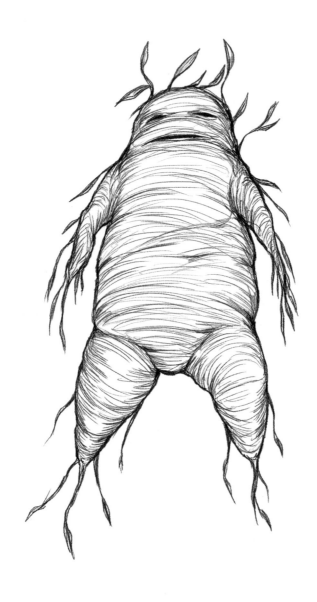

만드라고라

유럽 전설 🔱 식물형 (0.3m)

　벌거벗은 사람의 모습을 한 괴물입니다. 만드레이크라 불리기도 하며 머리에는 과실과 잎이 달려 있고 하반신은 식물의 뿌리 모양을 하고 있다고 합니다. 만드라고라는 교수대 아래에서 자란다고 알려져 있는데, 죄 없는 사형수의 눈물에 의해 생겨난다고 합니다. 뿌리는 땅속에 박혀 있으며 머리 부분만 땅 위로 나와 있습니다.

　만드라고라의 과실에 있는 독은 마취와 마약 성분이 들어 있으며 뿌리 부분은 만병통치약으로 유명합니다. 사람의 욕망을 이루어주는 마법 약의 재료나 부적으로 사용할 때도 있습니다. 하지만 사람이 만드라고라를 뽑으려고 하면 만드라고라가 소리를 지르는데, 그 비명 때문에 사람이 즉사할 수도 있으며 어떤 만드라고라는 일어나서 도망쳐 버린다고 합니다. 만드라고라의 비명은 한 번만 효과를 발휘하기 때문에 일단 뽑고 나면 아무런 해가 없다고 합니다.

　이처럼 한 사람이 희생해 만드라고라를 뽑거나 만드라고라 주위에 검으로 3중 원을 그리고 서쪽을 쳐다보며 뽑는 방법이 있다고 합니다. 다른 방법으로는 검은 개를 이용하는 것인데, 만드라고라 주위의 흙을 파낸 후 밧줄로 묶고 개가 끌고 가게 하는 것입니다. 이때도 만드라고라가 소리를 질러 개는 죽게 된다고 합니다.

만티고어

페르시아 제국 전설 ☙ 혼합형 (7~8m)

　사자의 몸에 노인의 얼굴이 달려 있는 괴물입니다. 사막이나 밀림 등에서 주로 서식하며 입에는 세 줄의 날카로운 이빨이 늘어서 있는데, 한번 물면 절대 놓치지 않는다고 합니다. 얼굴과 귀는 인간의 것이지만, 회색 눈을 가지고 있으며 박쥐 날개 모양의 날개로 이곳저곳을 날아다닌다고 합니다. 보통 피와 같이 붉은 색깔을 띤 상태이지만, 주변 환경에 따라 보호색을 띠는 경우도 있습니다. 꼬리에는 전갈처럼 상대를 찔러 공격할 수 있는 강한 독성의 가시가 달려 있다고 합니다. 가시를 화살처럼 사용하여 원하는 곳으로 자유롭게 날릴 수 있는데, 만티고어의 가시를 맞은 생물은 즉사한다고 합니다.

　만티고어는 전체 몸길이가 6m가 넘는 큰 덩치이지만, 엄청난 스피드를 자랑합니다. 만티고어의 식욕은 끝이 없으며 사람 고기를 굉장히 좋아한다고 합니다. 매 끼니 사람 고기를 먹으며 뼈와 옷가지 등을 하나도 남기지 않고 통째로 잡아먹습니다. 만티고어는 팬파이프와 트럼펫을 합친 듯한 울음소리를 내며 가끔 앵무새처럼 사람의 목소리를 흉내 내기도 합니다. 지능이 높아 사람들의 계략에도 잘 걸리지 않는다고 합니다.

메네후네

하와이 전설 　 인간형 (0.6~0.7m)

　하와이의 깊은 산속에 사는 작은 괴물로, 사람과 비슷한 모습이며, 피부가 매우 검고 키가 작습니다. 메네후네는 하와이에 정착한 최초의 종족이지만, 사람들의 마을과 아주 멀리 떨어진 곳에 숨어 살며 계곡 근처의 동굴에서 서식한다고 합니다. 밤에 활동하는 것을 좋아하고 바나나와 생선을 주식으로 즐기는 평화로운 생활을 한다고 합니다. 그들만의 소리로 서로 의사소통을 하며 텔레파시를 통해 생각을 전달할 때도 있다고 합니다. 하룻밤 사이에 관개수로나 방파제 등을 지을 수 있는 뛰어난 건축 실력도 가지고 있다고 합니다.

　메네후네는 춤과 노래, 그리고 양궁을 즐겨 하며 사람들의 마음을 움직이는 마법의 화살로 사람들의 사랑을 이루어 주기도 합니다. 메네후네는 다이빙을 즐기기도 하는데, 갑자기 밤중에 물이 튀는 소리가 크게 들리면 메네후네가 절벽 다이빙을 즐기고 있는 것이라고 합니다.

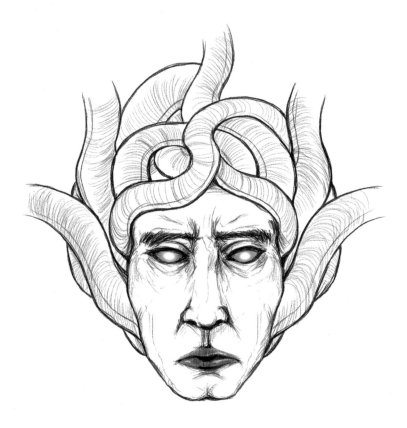

메두사

그리스 로마 신화 　 혼합형 (1.6m)

　뱀으로 된 머리카락을 가지고 있으며, 그리스 로마 신화에 나오는 괴물로 메두사를 본 모든 사람은 피가 굳어 돌로 변하게 된다고 합니다. 메두사는 원래 아름다운 인간 여성이었지만, 메두사의 미모에 반한 신 포세이돈과 여신 아테나의 신전에서 사랑을 나누다가 아테나의 저주를 받고 반인 반사의 괴물로 변하게 되었다고 합니다. 메두사의 자랑이었던 머리카락은 한 올 한 올이 뱀으로 변하고, 튀어나온 눈과 크게 벌어진 입, 그리고 날카로운 이빨을 가지게 되었습니다. 팔은 청동으로 변하고 등에서는 황금 날개가 돋아났습니다.

　이후 메두사는 많은 사람을 죽이고 다니다가 영웅 페르세우스에 의해 죽게 되었습니다. 메두사의 얼굴을 직접 보면 돌로 변하기 때문에 청동 방패를 이용해 방패에 비친 메두사의 얼굴을 보고 단칼에 목을 베었다고 합니다. 메두사가 흘린 피에서는 괴물 페가수스와 크리사오르가 태어났고 메두사의 머리는 아테나의 방패에 장식으로 붙여졌는데, 메두사의 머리가 붙은 방패를 든 아테나의 위상은 더욱더 높아지게 되었다고 합니다.

모스맨

미국 민담　야수형 (2m)

　거대한 나방의 모습을 한 괴물로, 미국 웨스트버지니아주에서 가장 많이 출몰하며 여러 지역에서 시간에 상관없이 나타난다고 합니다. 몸은 인간과 비슷한 형태이지만, 얼굴은 곤충과 닮아있고 머리와 어깨는 목이 없는 상태로 이어져 있습니다. 등에는 큰 날개가 달려 있는데, 이 날개로 자동차보다 빠른 속도를 내며 날아다닌다고 합니다. 인간이나 동물의 피를 빨아 먹고 살며 박쥐의 울음소리와 비슷한 '키키', '끼이끼이' 등의 울음소리를 낸다고 합니다.

　모스맨은 세상에 큰 재난이 일어나기 전에 나타나 인간에게 경고해준다고 합니다. 체르노빌 원자력 발전소 붕괴 전, 시카고 대지진 전, 중국 댐 붕괴 전 그리고 뉴욕 9·11 사태가 일어나기 전 등 다양한 곳에서 모스맨이 목격되었다고 합니다. 하지만 어떤 사람들은 모스맨이 위험 상황을 미리 경고해주는 것이 아니라 모스맨이 나타나 그 지역에 저주를 내리는 것이라고 생각한다고 합니다.

모오

하와이 전설 　동물형 (3~9m)

　커다란 도마뱀의 모습을 한 괴물로, 검은 피부를 가지고 있지만 물속에서는 빛이 난다고 합니다. 맑고 깨끗한 샘물이나 연못에서 주로 서식한다고 하며, 샘물이 흐르는 곳을 수호하며 물을 상징합니다. 물 위에 거품이 많이 떠 있는 연못은 모오가 있는 곳으로 그곳의 물고기를 잡아먹으면 매우 쓴 맛이 난다고 합니다.

　모오는 아름다운 여성의 모습으로 나타날 때도 있고 몸의 크기를 줄여서 작은 도마뱀으로 나타날 때도 있습니다. 다양한 모습으로 변신을 하고 나타나기 때문에 모오가 나타나도 사람들은 잘 알 수 없다고 합니다. 모오는 특정한 사람이나 가문을 보호하기도 하는데, 모오의 보호를 받는 사람들은 평생 풍요롭고 건강한 생활을 유지할 수 있게 된다고 합니다. 또한 모오는 사람들의 꿈을 지배할 수도 있고 직접 이야기를 나눌 수도 있으며 죽은 사람을 되살릴 수 있는 능력도 있다고 합니다.

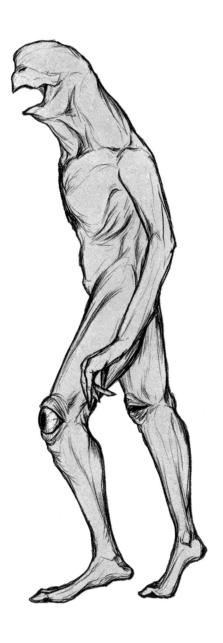

무누아네

콜롬비아 전설　　인간형 (2~2.5m)

　정글의 가장 깊은 곳에 있는 강에서 서식하는 괴물입니다. 피부는 온몸이 회색빛을 띠고 힘이 굉장히 셉니다. 사람과 비슷해 보이기도 하지만, 두 눈이 무릎에 박혀 있는 것이 특징입니다. 무릎에 박혀 있는 눈은 무누아네의 약점으로 이곳을 공격해야 무누아네의 목숨을 빼앗을 수 있다고 합니다.

　무누아네는 강에서 물고기들을 보호하고 다스리는 존재로 인간들이 무차별하게 물고기를 사냥하면 나타나서 사람들을 응징한다고 합니다. 활을 굉장히 잘 쏘는 명사수로 한번 쏘면 무엇이든 맞출 수 있기 때문에 항상 하나의 화살만 가지고 다닌다고 합니다.

　오래전 한 남자가 낚시를 하러 가는 길에 무누아네를 만났는데, 밤이 깊어 물에 비친 남자를 사람으로 착각한 무누아네가 활을 잘못 쏘아서 남자는 겨우 도망칠 수 있었다고 합니다.

무리오슈

프랑스 민담 🔱 혼합형 (1.3~1.5m)

　말의 모습을 한 괴물로, 무리오슈는 자신의 모습을 자유자재로 바꿀 수 있어서 말 몸통에 사람의 팔이 달린 모습이나 다양한 동물들로 변신해서 나타난다고 합니다. 마법 물품을 파는 상인, 흑마법을 부리는 마법사 그리고 자신의 힘을 통제하지 못하는 늑대 인간 등으로 나타나 세상에 혼란을 가져온다고 합니다. 무리오슈는 자신의 힘을 이용해 사람들을 괴롭히는 것도 좋아하며 매번 새로운 방법으로 사람들을 괴롭힌다고 합니다. 자신의 등에 사람이 타길 기다렸다가 사람이 올라타면 호수로 뛰어들어 버리거나 사람의 등에 올라타 쓰러질 때까지 매달려 있기도 하며, 사람의 뒤를 쫓아다니면서 이상한 소리를 내기도 합니다.

　무리오슈는 야행성 괴물로 밤에 돌아다니는 것을 좋아하며 지나가다 만난 사람을 바로 잡아먹기도 합니다. 무리오슈가 사람들을 괴롭히는 방법이 너무 다양하고 이유도 없어서 무리오슈를 악마로 여기는 사람들도 많다고 합니다.

미노타우로스

그리스 로마 신화 　　 인간형 (3m)

　사람의 몸에 황소의 머리와 하체가 달린 괴물로, '미노스의 황소'라는 뜻으로 반인반우의 모습을 하고 있다고 합니다. 황소의 뿔보다 크고 단단한 뿔과 튼튼한 몸을 가지고 있으며 미노타우로스의 단단한 손에 잡히면 사람의 몸은 바로 으스러진다고 합니다.

　미노타우로스는 그리스 로마 신화에 나오는 신의 저주를 받은 괴물로 크레탄 미궁에 살고 있었습니다. 포세이돈의 도움으로 크레타의 왕이 된 미노스가 황소를 제물로 바치지 않자 분노한 포세이돈은 미노스의 아내인 파시파에가 황소를 사랑하도록 만들었고, 파시파에는 황소에 욕정을 느껴 관계를 맺어서 미노타우로스가 태어났습니다. 미노타우로스가 어릴 때는 파시파에가 돌보며 함께 생활했지만, 자랄수록 점점 난폭해졌습니다. 크레타의 사람들을 마구 잡아먹다가 붙잡혀 한 번 들어가면 두 번 다시 나올 수 없는 미궁에 갇히게 되었습니다. 매년 아테네의 어린 소년과 소녀들이 미노타우로스의 제물로 바쳐졌고 제물 시기가 끝나면 미노타우로스는 한동안 잠에 빠져 있다고 합니다.

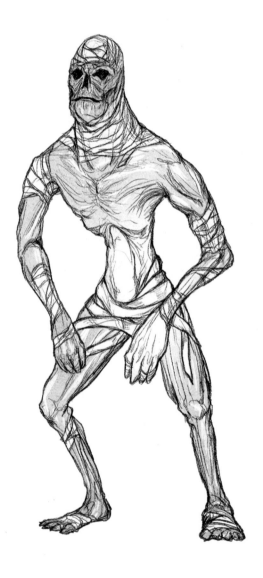

미라

이집트 전설　인간형 (1.5~1.8m)

　시체가 다시 살아난 괴물입니다. 온몸에는 붕대가 감겨 있고 피부나 장기들이 썩어 있으며, 미라의 주변에서는 악취가 심하게 난다고 합니다. 자신의 묘지에서 생활하며 밤에만 활동합니다. 미라는 고대 이집트에서 저승과 이승을 연결해 준다고 하여 만들어진 존재입니다. 70일에 걸쳐 미라를 만든 뒤 무덤에 묻어두고 영혼이 자신의 몸을 잘 찾을 수 있도록 생전의 얼굴과 비슷한 가면을 시체에 씌워 놓는다고 합니다. 사람뿐만 아니라 다양한 동물들의 모습으로도 존재합니다.

　미라는 특별한 주술로 깨어나게 되는데, 미라를 깨운 자는 죽음을 맞이하게 된다고 합니다. 주술로 깨어난 미라는 저주 마법을 사용하며 사람들을 공격하고 목숨을 빼앗는다고 하며, 사람의 생명력을 빼앗아 자신의 힘으로 만들거나 태풍을 일으키기도 하며 곤충 떼를 만들어 자연을 훼손시키기도 합니다. 미라는 미라를 잠재우는 주술을 이용해 다시 무덤으로 돌려보낼 수 있으며, 불에 태우거나 얼려도 없앨 수 있다고 합니다.

미르메콜레오

유럽 전설 · 혼합형 (1m)

　상반신은 사자, 하반신은 개미의 모습을 하고 있으며, 아버지인 사자와 어머니인 개미 사이에서 태어난다고 합니다. 개미의 알에서 태어나며 사자의 능력을 많이 받은 개체도 있고 개미의 능력을 더 많이 받은 개체도 있습니다. 크기와 능력이 각각 다양하며 동물과 곤충 모두와 소통을 할 수 있다고 합니다.

　수명은 아주 짧은 편이라고 합니다. 상반신인 사자는 고기를 먹고 하반신인 개미는 곡물을 먹어야 하는데, 양쪽 몸에서 각각의 음식을 받아들일 수 없어 굶어 죽은 미르메콜레오가 많다고 합니다. 그래서 미르메콜레오는 항상 어딘가 불안정한 모습을 보입니다. 사자와 개미가 합쳐져 징그러운 모습을 하고 있지만, 사람에게 해를 끼치지는 않으며 괴물보다는 일반 짐승에 가까운 성격을 가지고 있다고 합니다. 하지만 위협을 받으면 독침을 이용해 공격한다고 합니다.

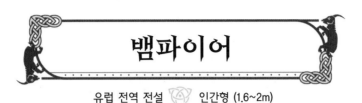

뱀파이어

유럽 전역 전설 　 인간형 (1.6~2m)

　사람의 피를 마시는 흡혈 괴물로, 무덤 안의 시체가 부활하여 괴물이 되었다고 합니다. 인간과 외형이 완전히 비슷한 드라큘라도 뱀파이어의 일종입니다. 하지만 뱀파이어는 시체가 부활했기 때문에 피부가 썩어 있거나 부어오른 부분들이 있을 수 있다고 합니다. 구부러진 긴 손톱을 가지고 있으며 송곳니가 튀어나와 있기도 합니다. 사람보다 훨씬 힘이 세고 다양한 동물들로 변신할 수 있는데, 동물들은 뱀파이어가 변신한 동물을 알아본다고 합니다.

　뱀파이어는 햇빛을 싫어해 밤이 되면 활동을 시작하고 낮에는 휴식을 취한다고 하며, 사람의 피를 마시며 생명력을 보충해 늙지 않고 오랜 시간을 존재할 수 있다고 합니다. 뱀파이어에게 피를 빨린 사람은 목에 나 있는 이빨 자국으로 확인할 수 있으며 피를 빨린 사람도 뱀파이어로 변하게 됩니다. 뱀파이어는 십자가와 마늘로 쫓아낼 수 있고 뱀파이어의 가슴에 나무못을 박거나 목을 자르고 불로 태워서 소멸시킬 수 있다고 합니다.

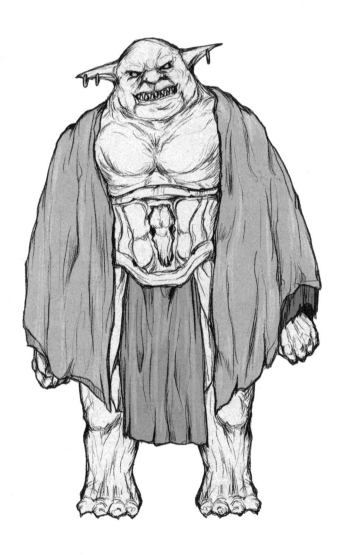

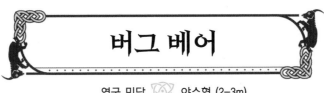

버그 베어

영국 민담 · 야수형 (2-3m)

　사나운 곰의 모습을 한 괴물입니다. 온몸이 질긴 가죽과 털로 덮여 있으며 머리에는 뿔이 나 있다고 합니다. 날카로운 발톱과 이빨로 사람들을 공격하는 등 굉장히 공격적이고 야비한 성격을 가지고 있다고 합니다. 여럿이 함께 모여 생활하는 것보다 혼자 자유롭게 지내는 것을 좋아합니다. 버그 베어는 서로 몸에 난 흉터를 보고 강함의 정도를 판단한다고 합니다.

　숲속에서 주로 서식하며 지나가는 사람들을 잡아먹는데, 낮이든 밤이든 자유롭게 활동하며 어둠속에서도 사냥감을 정확히 찾아낼 수 있다고 합니다. 덩치는 크지만 아무도 눈치채지 못하게 소리 없이 움직일 수 있으며 숲속의 나무나 동굴 같은 어두운 곳에 숨어 사람들을 기다리거나 직접 마을 근처로 내려올 때도 있다고 합니다.

　버그 베어가 사람을 사냥할 때는 한 번에 죽이지 않고 고문을 하며 사람들이 공포에 질린 모습을 보며 즐긴다고 합니다. 으스러트린 사람의 시체를 마을에 던져놓고 무서워하는 사람들의 반응을 보며 다음 사냥을 준비하는 습성이 있습니다. 사냥한 사람의 물건을 전리품으로 챙겨 놓기도 하는데 사람들의 귀를 잘라 모아 놓는 버그 베어도 있다고 합니다.

버닙

호주 전설　혼합형 (2~3m)

　악어의 몸에 새의 머리가 달린 괴물입니다. 온몸이 털로 덮여 있으며 얼굴에는 부리가 달려 있고 눈에서는 기묘한 빛이 흘러나온다고 합니다. 날카로운 이빨과 발톱을 가지고 있으며 강이나 호수에서 서식하지만, 육지에 나와 있는 모습도 자주 볼 수 있다고 합니다. 버닙은 자신의 영역 근처로 온 먹잇감을 절대 놓치지 않고 잡아먹는데, 특히 인간 여성이나 어린아이를 즐겨 먹는다고 합니다.

　버닙은 야행성으로 깊은 밤에 엄청난 소리의 울음소리를 내며 나타나는데, 건기 동안에는 땅속에 구멍을 파놓고 숨어 지내다가 비가 오기 시작하면 버닙의 활동이 시작된다고 합니다. 이 때문에 버닙이 나타나는 지역의 사람들은 오래전부터 비가 오는 날 밤에는 호수나 강 근처로 다니지 않는다고 합니다.

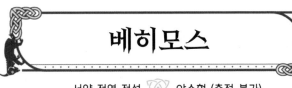

베히모스

서양 전역 전설 　 야수형 (측정 불가)

　다양한 짐승들의 모습이 섞여 있는 괴물로, 웬만한 산보다 클 정도로 몸집이 크고 베히모스의 꼬리 하나가 큰 나무만 하며 뼈는 강철처럼 튼튼하고 칼로도 벨 수 없는 질긴 가죽을 가지고 있다고 합니다. 베히모스가 바다에 들어가면 바닷물이 넘쳐흘러서 육지에서만 생활하게 되었다고 합니다. 베히모스가 목이 말라 강물을 마시면 그 강은 말라 없어지게 된다고 합니다.

　베히모스는 큰 덩치와는 어울리지 않게 주변의 풀을 뜯어 먹고 살며 평화를 즐긴다고 하며, 주변에서 서식하는 야생동물들을 지켜주기도 하지만 베히모스가 울음소리를 한 번 내면 세상의 동물들이 겁에 질려 도망간다고 합니다. 베히모스는 이해할 수 없이 강한 힘과 질긴 생명력을 가지고 있어 그 누구도 베히모스를 사냥하거나 길들일 수 없고 베히모스의 강력한 힘과 덩치 때문에 한번 날뛰기 시작하면 아무도 베히모스를 막을 수 없다고 합니다.

벤시

아일랜드 전설 ✆ 악마형 (1~2m)

늙은 인간 여성의 모습을 한 괴물로, 창백한 피부와 항상 울어서 부어오른 눈을 가지고 있으며, 항상 망토를 두르고 누군가의 죽음을 예고해 준다고 합니다.

벤시의 비명소리나 울음소리가 들리면 누군가가 곧 죽는다는 의미입니다. 굉장히 날카롭고 듣기 힘든 소리나 구슬픈 울음소리를 내며 이 날카로운 소리는 유리를 깨뜨릴 정도의 힘이라고 합니다. 사람이 죽기 며칠 전에 나타나며 그 사람에게만 소리가 들리는데, 처음에는 소리만 들리다가 죽음이 다가오면 벤시의 모습이 보이게 된다고 합니다. 벤시가 나타나면 주변의 공기가 차가워지고 안개가 낀다고 합니다. 벤시는 사람을 직접적으로 해치지는 않지만 벤시의 울음소리와 비명소리 때문에 죽기 전에 정신을 놓는 사람들도 많다고 합니다.

또한, 벤시의 소리가 들리기 전에 누군가의 옷에 피가 묻어 있다면 벤시가 곧 그 사람에게 나타난다는 징조라고 합니다. 벤시는 사람의 죽음을 예고하기도 하지만 영혼을 인도하기 위해 나타날 때도 있다고 합니다. 보통은 한 번에 한 개체가 나타나지만 여러 개체가 동시에 나타날 때도 있습니다.

보나콘

유럽 전설 　 동물형 (2m)

　황소의 모습을 한 괴물입니다. 크기와 체형이 황소와 비슷하지만, 말의 갈기를 가지고 있으며 뿔의 모양 역시 황소와 전혀 다르게 생겼다고 합니다. 뿔이 굉장히 휘어져 있어 누군가를 공격하거나 싸움이 났을 때 아무런 도움이 되지 않으므로, 보나콘의 뿔에 닿거나 부딪혀도 아무 일도 일어나지 않는다고 합니다. 보나콘은 누군가에게 해를 끼치거나 괴롭히지 않으며, 특별한 일이 생기지 않는다면 평화롭게 자신의 생활을 즐긴다고 합니다.

　유일하게 자신을 보호하는 방법은 상대방에게 배설물을 뿌리는 것입니다. 보나콘이 무슨 이유로든 놀라거나 위협을 받으면 배설물을 뿌리면서 달려 나가는데, 배설물에는 독가스가 있어 그 배설물이 닿는 곳에는 어디든지 불이 붙는다고 합니다. 보나콘 주변으로 꽤 멀리까지 배설물이 튈 수 있으며 배설물로 불길을 만들어 추격자가 따라오지 못하게 만듭니다. 또한, 사람이나 동물에게 보나콘의 배설물이 닿으면 심한 화상을 입거나 새까맣게 타버린다고 합니다.

본 드래곤

아일랜드 전설　　정령형 (10~15m)

　드래곤 종족의 한 종류로 온몸이 뼈로 이루어져 있는 괴물입니다. 스 켈레톤 드래곤이라 불리기도 하며 이미 한 번 죽었던 드래곤이 지옥에 서 살아 돌아온 존재라고 합니다. 무슨 이유로 지옥에서 다시 돌아왔는 지는 알 수 없지만, 지옥에서 알 수 없는 힘을 받아온 굉장히 위험한 종족 이며 개체 수가 아주 적다고 합니다. 깊은 동굴에서 주로 서식하며 어두 운 곳을 좋아하고 낮에는 거의 나타나지 않아서 본 드래곤을 목격한 사 람은 거의 없다고 합니다.

　본 드래곤의 숨결에는 치명적인 독이 있으며 본 드래곤의 주변은 항 상 죽음의 기운이 흐르고 주위의 동식물들이 모두 메말라 죽게 된다고 합니다. 일반 드래곤보다 훨씬 빠르고 강력한 마법을 사용하며 본 드래 곤의 꼬리는 바위도 한 방에 부술 만한 힘을 가지고 있습니다. 본 드래 곤을 다시 지옥으로 돌려보내려면 특별한 물건과 마법이 필요하다고 합 니다.

부카박

북유럽 전설　야수형 (3~4m)

　구부러진 뿔을 가지고 있는 파충류 모습의 괴물로, 6개의 다리와 작은 눈 그리고 큰 입을 가지고 있다고 합니다. 부카박은 호수에 살며 밤에만 물 밖으로 나오는데, 물속이나 육지에서 자유롭게 활동할 수 있지만, 육지에서는 행동이 조금 느려진다고 합니다.

　물 밖으로 나온 부카박은 큰 울음소리를 내며 사람이나 동물들이 다가오게 하는데, 그 울음소리는 사람의 고막이 다칠 정도로 크다고 합니다. 부카박의 울음소리를 듣고 누군가 다가가면 그대로 달려들어 꼬리로 목을 졸라 죽인다고 하며, 호수의 가장자리에 숨어서 사냥감을 기다릴 때도 있습니다. 호수 주변에 목이 졸려 죽은 사람들과 동물들이 있다면 부카박이 사는 곳이라고 합니다. 부카박은 암컷과 수컷이 항상 함께 다니는데, 암컷은 항상 수컷 뒤에 앉아 있고 수컷보다 색이 조금 더 진한 편이라고 합니다.

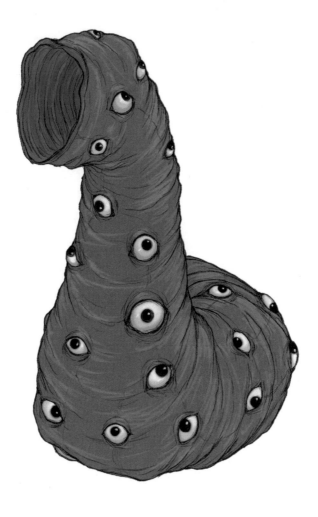

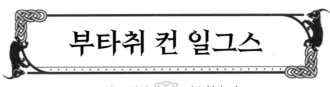

부타취 컨 일그스

스위스 전설 　야수형 (5m)

　온몸에 수천 개의 눈을 가지고 있는 괴물로, 흐물거리는 몸 위에 많은 눈이 덮여 있습니다. 몸은 굉장히 끈적거리며 소의 위장을 닮은 모습이라고 합니다. 알프스의 뤼셜지라는 호수에서 서식하면서 가끔 땅 위로 올라와 사람들을 공격한다고 합니다. 부타취 컨 일그스의 수많은 눈이 한 곳을 바라보면 불이 붙는데 사람의 뼈도 녹일 만큼 강력하다고 하며, 사람에게 불이 붙어 몸의 크기가 작아지면 그때 촉수를 사용해 잡아먹는다고 합니다.

　부타취 컨 일그스가 처음 나타났을 때 그곳에 있던 사람들은 부타취 컨 일그스의 최면에 걸려 자신들이 공격당하는 모습을 그저 바라보기만 했다고 합니다. 이후 부타취 컨 일그스는 100년에 걸쳐 총 두 번 모습을 드러냈는데, 첫 번째는 호수에서 빠르게 헤엄을 치는 모습이었고, 두 번째는 폭풍우가 불던 날에 나타나 강둑을 무너뜨리고 큰 산사태를 일으켰다고 합니다. 뤼셜지 호수에서는 가끔 알 수 없는 소리가 들려오는데 사람들은 이를 부타취 컨 일그스의 울음소리라고 생각하고 '뤼셜지의 포효'라고 부릅니다.

블랙 애니스

영국 전설　악마형 (2m)

　애꾸눈과 철로 된 긴 손톱을 가지고 있는 마녀 괴물입니다. 어린아이들을 주로 잡아먹으며 어린아이들이 없을 때는 양을 잡아먹는다고 합니다. 나뭇가지에 숨어 있다가 다가오는 아이들을 납치해 산 채로 잡아먹으며, 식사 후에는 아이들의 가죽을 나무에 걸어 놓고 말려놓았다가 자신의 치마에 가죽을 꿰매서 사용한다고 합니다.

　블랙 애니스는 평소에 긴 손톱을 이용하여 절벽에 동굴을 파고 지내다가 사냥을 할 때만 마을에 내려온다고 합니다. 블랙 애니스의 울음소리는 아주 멀리서부터 들려오는데, 마을과 가까워질수록 이빨 부딪히는 소리도 들린다고 합니다. 사람들은 이 신호를 빨리 파악하여 문을 잠그고 창문에서 멀리 떨어져야 블랙 애니스를 피할 수 있다고 합니다. 블랙 애니스가 자주 나타나는 곳의 사람들은 일부러 창문을 작게 만들어 놓고 그 주변에 허브를 뿌려 블랙 애니스가 오지 못하게 막았다고 합니다.

사르마티안

덴마크 전설　동물형 (0.8~1m)

달팽이의 모습을 한 괴물로, 머리에는 사슴뿔이 달려 있으며 얼굴에는 바닷속을 비출 수 있는 밝은 눈과 긴 수염이 있다고 합니다. 온몸에는 얼룩덜룩한 무늬가 있고 네 개의 발에는 날카로운 발톱이 달려 있습니다. 사르마티안 바다 달팽이는 바다와 육지를 오가며 생활하는데, 육지로 올라올 때는 풀을 뜯어 먹기 위해서라고 합니다.

주위를 경계하는 습성 때문에 사람들 눈에 잘 띄지 않게 조심히 행동한다고 합니다. 사르마티안 바다 달팽이의 살은 부드럽고 맛이 좋기 때문에 오래전 사람들이 자주 즐겨 먹던 고기라고 합니다. 사람들의 병을 치료해 주는 능력도 있으며 특히 사람의 간과 폐 건강에 좋은 효능이 있다고 합니다.

사시 페레레

브라질 민담 　 인간형 (1.5m)

　항상 빨간 모자를 쓰고 다니는 외다리 괴물입니다. 이 빨간 모자는 마법의 모자로 사시 페레레를 어디든지 데려다줄 수 있다고 합니다. 사시 페레레가 사라지고 나타날 때는 안개가 낀 것처럼 먼지가 퍼지는 현상이 생기는데 이때 사시 페레레를 유리병에 가둬서 잡을 수 있다고 합니다.

　사시 페레레는 사람들을 함정에 빠트리거나 장난치는 것을 좋아해서 아이들의 장난감을 숨겨 놓거나 음식에 소금을 쏟고 농장의 동물들을 풀어놓는 등의 장난을 치며 사람들을 놀린다고 합니다. 장난이 심한 사시 페레레를 따돌리려면 흐르는 물줄기를 건너거나 매듭으로 묶인 줄을 바닥에 떨어트려야 한다고 합니다. 하지만 누군가 사시 페레레를 속이거나 모자를 훔쳐내면 그 사람의 소원을 들어주고 사시 페레레의 힘을 사용할 수 있게 됩니다. 사시 페레레의 모자는 악취가 너무 심하고 냄새가 사라지지 않아 훔쳐내기 힘들지만, 많은 사람이 소원을 이루기 위해 모자를 가지려 한다고 합니다.

사차마마

페루 민담 　동물형 (40m)

　거대한 뱀의 모습을 한 괴물입니다. 숲의 어머니라 불리기도 하는 사차마마는 아마존의 전설적인 고대 뱀 중 하나로, 온몸은 돌처럼 딱딱한 비늘이 덮여 있으며 목 밑에는 여러 개의 칼날이 나 있다고 합니다. 사차마마의 등껍질 위에는 다양한 생물들이 살면서 숲을 이루고 있어 그들을 위해 웬만하면 잘 움직이지 않는다고 합니다.

　사차마마는 움직이지 않고도 여러 생물을 불러올 수 있는 능력을 가지고 있는데, 최면을 걸어 필요한 생물을 불러내거나 허락 없이 침입한 자들을 쫓아내기도 합니다. 쫓겨난 자들은 열이나 심한 두통에 시달리게 되며 이는 특별한 주술로만 치료할 수 있다고 합니다. 또 사차마마의 등껍질에는 신비한 약초들이 자라나는데, 이 약초들을 이용해 신체적인 상처나 질병을 치료할 수도 있고 위험에 빠진 영혼을 구해낼 수도 있다고 합니다.

살라만더

유럽 전설　　동물형 (0.2~0.3m)

　도마뱀 모습을 한 괴물입니다. 살라만더는 불의 정령이라고도 불리는데, 용암 속이나 타오르는 화염 속에서 살 만큼 엄청난 고열에도 버틸 수 있다고 합니다. 살라만더의 불꽃은 몸에서 저절로 타오르는 것일 수도 있고 살라만더가 직접 만들어 내는 것일 수도 있다고 합니다.

　살라만더의 불은 쉽게 꺼트릴 수 없으며 살라만더의 가죽으로 만든 천은 어떠한 불에도 타지 않는다고 합니다. 살라만더의 천을 이용해 만든 옷을 입은 사람도 불 위에서 오랫동안 견딜 수 있으며 천이 더러워지면 불에 던져서 다시 깨끗하게 만들 수 있다고 합니다. 살라만더는 비가 오는 날에는 모습을 드러내지 않으며 화창한 날에 나타나 온도를 더 높인다고 합니다.

샤다와르

그리스 전설 동물형 (0.8~1m)

사슴의 모습을 한 괴물입니다. 샤다와르의 머리에는 기다란 뿔이 달려 있는데, 이 뿔은 속이 텅텅 비어 있으며 바깥쪽으로 42개의 작은 가지가 달려 있다고 합니다. 바람이 불면 샤다와르의 뿔에서 아름다운 소리가 만들어져 모든 동물이 모여들어 귀를 기울이며, 샤다와르는 이 소리를 이용해 자신의 먹잇감을 쉽게 유혹할 수 있다고 합니다.

오래전 샤다와르의 뿔은 많은 왕에게 바쳐졌는데, 뿔을 걸어두는 각도에 따라 다른 소리가 났다고 합니다. 경쾌한 멜로디에서부터 슬픈 멜로디까지 모두 하나의 뿔에서 만들어 낼 수 있기 때문에 큰 인기를 끌 수 있었다고 합니다. 샤다와르의 뿔을 피리로 사용해 전문적으로 연주하는 사람들도 있었다고 합니다.

샤프 엘보우

미국 전설　인간형 (1.7m)

　사람과 유사한 모습을 하고 있으며, 팔꿈치에 튀어나온 뾰족하고 날카로운 뼈로 사람들을 찔러 죽이고 다닙니다. 굉장히 사악하고 공격적인 성격을 가지고 있으며, 사람들의 고통스러운 모습을 좋아해 뼈로 여러 번 사람들을 찌르며 살해한다고 합니다. 사람들을 잡아먹을 때도 있지만 단순히 재미를 위해 살인을 할 때도 있습니다. 특히 여성과 어린아이들을 좋아한다고 합니다.

　샤프 엘보우는 두 얼굴을 가지고 있어 투-페이스나 더블-페이스라는 이름으로 불리기도 하는데, 한쪽은 아름다운 얼굴을, 다른 한쪽은 흉측한 얼굴을 하고 있습니다. 샤프 엘보우의 흉측한 얼굴의 눈과 마주치면 넋이 나가고 온몸이 마비되어 움직일 수 없게 되며, 어떤 사람은 공포심에 얼어붙거나 즉사한다고 합니다. 샤프 엘보우의 두 얼굴은 '불화'와 '이탈'을 상징하기도 합니다.

세이렌

그리스 로마 신화   혼합형 (1.6m)

인간 여성과 물고기의 모습이 섞인 괴물로, 상반신은 사람, 하반신은 물고기의 모습을 하고 있습니다. 고대 그리스 초기의 세이렌은 새와 인간이 합쳐진 모습을 하고 있지만, 시간이 지나면서 물고기와 인간이 합쳐진 모습으로 나타나고 있습니다. 세 마리의 세이렌은 지중해의 작은 섬에 함께 서식한다고 하며, 이 섬은 절벽과 바위로 둘러싸여 있습니다.

세이렌은 아름다운 목소리로 노래를 불러 지나가는 배의 선원들을 유혹하는데, 세이렌의 노랫소리는 어떠한 장벽으로도 막을 수 없으며 노랫소리를 들은 사람들은 유혹을 벗어날 수 없다고 합니다. 암초나 섬의 얕은 물로 끌어들여 배를 난파시키고 사람들을 잡아먹거나 죽을 때까지 집으로 돌아가지 못하게 합니다.

하지만 세이렌은 많은 지혜와 예언 능력을 갖추고 있어서 이를 얻기 위해 위험을 무릅쓰고 찾아가는 사람들이 많다고 합니다. 이들이 사는 곳은 수많은 시체와 해골들이 쌓여 심한 악취가 나고 사람들이 사는 마을에 열병을 몰고 오기도 합니다.

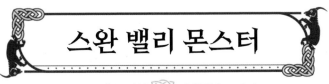

스완 밸리 몬스터

미국 전설 혼합형 (5.5~6m)

　파충류의 모습을 한 괴물로, 온몸은 비늘로 덮여 있으며 기다란 가시들이 머리부터 꼬리까지 박혀 있습니다. 물속에서 서식하며 코끼리 코와 같은 기다란 코로 물을 뿜으며 돌아다닌다고 합니다. 얼굴 위쪽에는 기다란 뿔 하나가 나 있고 아래쪽에는 검은 수염이 달려 있는데, 머리 위의 뿔은 위아래로 끊임없이 움직이고 있다고 합니다. 여섯 쌍의 발들은 각각 다른 모양으로 날카로운 발톱이 달려 있거나 뭉툭한 모습이라고 합니다.

　스완 밸리 몬스터는 강력한 독을 가지고 있으며 이 독은 주변을 모두 부식시킬 만한 힘이라고 합니다. 오래전 한 노인이 스완 밸리 몬스터를 발견하고 총을 쏘자 사방으로 독을 뿜어댔고, 독이 닿은 모든 생물은 말라 버렸다고 합니다.

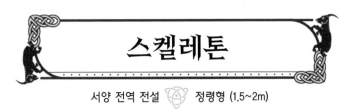

스켈레톤

서양 전역 전설 　 정령형 (1.5~2m)

　뼈만 남은 사람 모습을 한 시체가 오랫동안 무덤 속에 있다가 다시 생명력을 얻어 밖으로 나오게 된 괴물입니다. 온몸에 살점과 피부는 없지만, 해골에는 검은 눈동자가 박혀 있습니다. 온몸의 뼈는 자유자재로 회전하거나 움직일 수 있으며, 뼈가 빠지거나 부러져도 다시 끼워 넣거나 다른 뼈로 대체할 수 있다고 합니다. 스켈레톤은 사람보다 느리지만 강한 힘을 가지고 있으며, 전쟁터에서 자주 모습을 보인다고 합니다.

　스켈레톤을 깨우려면 특별한 주술이 필요하며 주술을 사용하면 한번에 많은 스켈레톤이 깨어나서 상당히 위험하다고 합니다. 스켈레톤은 마주치는 모든 사람을 공격하는 습성을 가지고 있으며, 주술을 사용하여 자신들을 깨운 자의 명령을 들으며 무기를 사용하기도 합니다. 스켈레톤을 다시 무덤 속으로 보내려면 스켈레톤을 직접 공격하는 것보다 주술사를 공격해야 한다고 합니다. 스켈레톤의 뼈를 완전히 부서트려 가루로 만드는 방법도 있습니다. 대부분 사람의 시체가 다시 일어난 스켈레톤이 나타나지만, 동물이나 곤충의 모습을 한 스켈레톤이 나타날 때도 있다고 합니다.

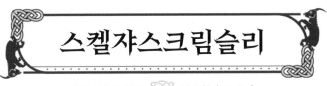

스켈쟈스크림슬리

아이슬란드 전설 야수형 (1.7~2m)

　온몸이 두꺼운 껍질로 덮여 있는 괴물로, 이 껍질은 굉장히 두꺼워서 웬만한 공격에도 뚫리지 않는다고 합니다. 눈 주위는 붉은색을 띠고, 입 안쪽은 햇빛처럼 밝은 빛이 납니다. 스켈쟈스크림슬리는 폭풍이 오기 전이나 후에 바다에서 주로 나타나는데, 엄청난 악취를 풍긴다고 하며, 두꺼운 껍질 때문에 움직일 때마다 덜컹거리는 소리가 난다고 합니다.

　스켈쟈스크림슬리의 피에는 독성이 들어 있어 사람에게 닿으면 극심한 고통 속에 목숨을 잃는다고 합니다. 이 때문에 총이나 활로 공격하면 안 되고 은색 단추, 회색 버드나무의 꽃송이 그리고 양의 대변을 이용해 쫓아내야 하며, 피가 한 방울만 튀어도 바로 병에 걸려 버린다고 합니다.

스킨워커

미국 민담　악마형 (1.7m)

　인간의 모습을 하고 있지만, 네 발로 기어다니는 괴물입니다. 원래는 사람이었지만 알 수 없는 이유로 끔찍한 괴물이 되었다고 합니다. 스킨워커는 미국 유타주 농장에 자주 나타난다고 합니다. 밤낮을 가리지 않고 자유롭게 활동하며 주민들에게 불행을 주고 저주를 내릴 뿐만 아니라 그 지역의 시체를 훔쳐 가기도 합니다. 스킨워커의 저주를 피하려면 샤만 부족의 조언을 따르고 삼나무의 재를 온몸에 발라야 한다고 합니다. 하지만 스킨워커와 눈이 마주치기만 해도 몸과 생명력을 빼앗기고 정신을 조종당하게 됩니다.

　스킨워커는 사람이 고통받는 모습을 좋아해서 사람이 미칠 때까지 괴롭히다가 가장 고통스러운 방법으로 죽인다고 합니다. 사람과 동물로 다양하게 변신할 수 있고 사람의 말과 동물의 울음소리까지 정확하게 표현해낼 수 있어 스킨워커를 잡는 것은 매우 어려운 일이라고 합니다. 하지만 흰 재가 묻은 무기를 사용해 스킨워커를 소멸시킬 수 있다고 합니다.

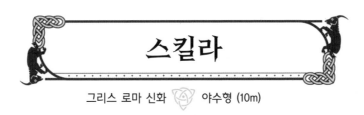

스킬라

그리스 로마 신화　야수형 (10m)

　여섯 마리의 큰 뱀이 한 몸에 뭉쳐져 있는 괴물입니다. 바다에서 서식한다고 하며, 육지에서도 자유롭게 돌아다닐 수 있습니다. 스킬라의 몸은 바위와 건물들도 무너뜨릴 만큼 굉장히 단단하다고 합니다. 몸에서 차가운 물질이 생성되기도 하는데, 남극의 얼음이 스킬라에 의해 생겨난 것이라고 합니다.

　스킬라는 원래 여신의 딸로 아름다운 인간 소녀였다고 합니다. 스킬라가 바닷가에서 시간을 보내던 어느 날 바다의 신 글라우코스의 눈에 띄게 되었습니다. 하지만 스킬라는 그를 거절하며 도망을 다녔고, 글라우코스는 스킬라의 마음을 얻기 위해 마술사 친구 키르케에게 스킬라의 마음을 얻을 수 있는 약을 만들어 달라고 하였습니다. 하지만 글라우코스를 사랑했던 키르케는 괴물로 변하는 약을 만들어 스킬라가 자주 목욕을 하던 연못에 그 약을 풀어놓았습니다. 아무것도 모르던 스킬라는 평소처럼 목욕하러 연못에 들어갔다가 괴물로 변하게 되었습니다. 괴물이 된 자신의 모습에 절망한 스킬라는 해안 근처의 암초에 모습을 감춰버렸습니다. 이후 스킬라는 자주 모습을 드러내지 않았지만, 바다를 지나는 배의 선원들을 잡아먹는 무서운 괴물이 되었다고 합니다.

스핑크스

이집트, 그리스 신화   혼합형 (50~60m)

    사자의 몸에 아름다운 인간 여성의 얼굴과 새의 날개가 달려 있는 모습의 괴물입니다. 스핑크스는 나라마다 조금씩 다른 모습으로 전해지고 있으며 뱀의 꼬리가 달려 있거나 소의 몸통을 가진 스핑크스도 있다고 합니다.

    스핑크스는 사람 말을 할 줄 아는 굉장히 영리한 괴물이라 신성한 존재로 여겨지기도 합니다. 사람을 마주치면 바로 죽이지 않고 수수께끼를 내는데, 문제를 맞히는 사람은 그대로 보내주고 맞히지 못한 사람은 잡아먹어 버린다고 합니다. 가끔 직접 사냥을 하러 다니기도 합니다. 이집트의 스핑크스는 피라미드를 지키는 존재로 남성의 모습으로 나타난다고 하며, 평소에는 가만히 앉아서 피라미드를 지키고 있다가 침입자가 들어오면 수수께끼를 낸다고 합니다.

썬더 버드

미국 신화 조류형 (측정 불가)

거대한 새의 모습을 한 괴물입니다. 독수리나 매의 모습과 비슷해 보이며 번개, 바람, 비 등을 다스리는 능력이 있다고 합니다. 썬더 버드가 눈을 깜빡이면 천둥 번개가 치고 날갯짓을 하면 강풍이 불며 함께 떠내려오는 물이 세상을 비옥하게 해준다고 합니다.

썬더 버드는 자연을 보호하고 사람들을 보호하는 존재로 여겨지며 세상에 힘든 시기가 도래하면 사람들에게 자비를 베풀어 살아갈 수 있게 도와주기도 합니다. 직접 곡식을 가져다주거나 인간으로 변신해 사람들과 함께 생활하며 도움을 준다고 합니다. 일부 지역에서는 썬더 버드가 육식을 좋아한다고 생각해 썬더 버드를 위한 제사를 지내며 동물을 바쳤다고 합니다. 또한, 썬더 스톤으로 알려진 화성암은 썬더 버드의 알이라는 이야기도 전해지고 있습니다.

아라크네

 그리스 로마 신화 혼합형 (1m)

거미의 모습을 한 괴물로, 아라크네는 원래 작은 마을에서 태어난 베를 짜는 소녀였다고 합니다. 실력이 굉장히 좋았지만 여신 아테나와 견주어도 지지 않는 실력을 갖추고 있다고 자만하였고, 이를 들은 아테나가 분노하여 아라크네와 승부를 겨루러 왔습니다.

아테나는 자랑스러운 올림푸스 12신들의 모습을 넣어 베를 짰고, 아라크네는 신들의 불경스러운 장면을 넣어 베를 짰습니다. 아라크네의 실력은 정말 훌륭했지만, 신들을 조롱하여 그들의 분노를 샀습니다. 이에 아테나는 아라크네의 베를 찢어버리며 모욕을 주었고 절망에 빠진 아라크네는 목을 매 자살하고 말았습니다. 하지만 아테나가 아라크네를 불쌍히 여겨 그녀의 몸에 마법의 액체를 뿌려 부활하게 하고, 아라크네는 거미로 되살아나 평생 베를 짜게 되었다고 합니다.

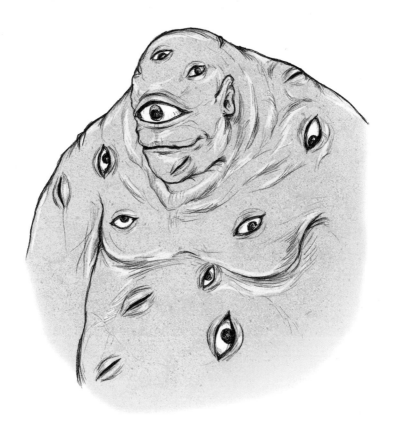

아르고스

그리스 로마 신화 인간형 (10m)

　백 개의 눈을 가진 거인 괴물로, 주로 신들의 심부름을 하는 파수꾼 역할을 한다고 합니다. 굉장히 힘이 세며 여러 마리의 끔찍한 괴물들을 처리하기도 하였는데, 모두 자발적으로 한 일은 아니며 아르고스는 신의 명령을 듣다가 죽음을 맞이하기도 하였습니다.

　어느 날 신 제우스가 인간 여성 이오와 바람을 피운 사실을 여신 헤라에게 숨기기 위해 이오를 암소로 변신시켰습니다. 헤라는 이 사실을 알고 암소를 선물로 달라고 하였고, 제우스는 어쩔 수 없이 헤라에게 선물로 암소를 주었습니다. 헤라는 이 암소를 아르고스에게 감시하라고 명령하였습니다. 아르고스는 잘 때 한 번에 두 개의 눈만 감고 있고 나머지 눈은 뜨고 있어 24시간 암소를 감시할 수 있었습니다. 제우스는 도망가지 못하는 이오를 불쌍하게 여겨 신 헤르메스에게 이오를 구해오라고 하였습니다. 헤르메스는 최면을 거는 효과가 있다는 지팡이로 피리를 불어 아르고스의 모든 눈을 잠들게 만든 뒤 목을 베어 버렸고, 이를 불쌍하게 여긴 헤라는 아르고스의 눈을 모아 공작의 날개에 붙여 장식했다고 합니다.

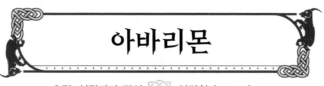

아바리몬

유럽, 히말라야 전설 인간형 (1.5~2m)

　사람과 거의 유사한 모습을 한 괴물로, 무릎부터 발까지는 뒤쪽을 향해 돌아가 있습니다. 그래서 아바리몬은 인간의 다른 종족인지 괴물인지를 정확하게 구분하기가 힘들다고 합니다. 아바리몬은 머리가 180도로 돌아간다는 이야기도 있지만, 발이 돌아가 있어 사람들이 잘못 보았을 가능성이 높습니다. 사람과는 다른 발의 모양을 가지고 있지만, 사람보다 훨씬 빠르게 달릴 수 있어 아바리몬을 생포하는 것은 거의 불가능하다고 합니다. 자연의 야생 동물들과 가까이 지내며 굉장히 포악하고 공격적인 성격을 가지고 있습니다.

　아바리몬은 거대한 계곡 안에서 무리 생활을 한다고 하며, 아바리몬이 있는 곳의 공기는 산소와 다른 성분으로 이루어져 있다고 합니다. 보통 사람이 아바리몬의 서식지에서 오랫동안 머물면 그곳의 공기에 중독되어 다시는 산소를 받아들이지 못해 다른 곳으로 떠날 수 없게 된다고 합니다. 아바리몬의 서식지에 한번 들어가면 다시는 되돌아올 수 없어서 사람들에게 많이 알려지지 않은 신비한 종족이라고 합니다.

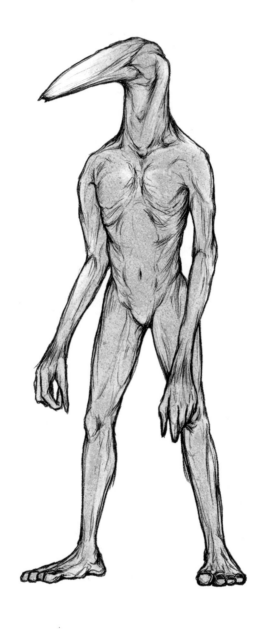

아부후쿠

콜롬비아 전설 　악마형 (1.7~2m)

온몸에 털이 덮인 인간 모습의 괴물로, 얼굴에는 기다란 입이 달려 있으며 이 입을 통해 사람의 머리에 구멍을 내고 몸의 내용물을 모두 빨아 먹는다고 합니다. 아부후쿠의 몸은 굉장히 끈적거리고 엄청난 악취가 풍기는데, 아부후쿠에게 한번 잡힌 사람은 절대로 빠져나올 수 없다고 합니다. 아부후쿠에게 당한 피해자들은 얇은 가죽만 남게 되며 아부후쿠는 이 가죽을 나뭇가지에 걸어 놓는다고 합니다.

아부후쿠는 숲속에서 무리를 지어 서식하고 밤에만 활동한다고 합니다. 암컷 아부후쿠는 인간 남성을 사냥하고 수컷 아부후쿠는 인간 여성을 사냥하며 아이들을 유괴해 자신의 아이로 키우기도 합니다. 아부후쿠에게서 자라나는 아이들은 모두 식인을 한다고 합니다.

그러나 아부후쿠는 지능이 낮은 편이라 속임수를 만들어 쉽게 쫓아낼 수도 있으며 고추류 식물에 약하기 때문에 이 식물들을 태운 연기로도 쫓아낼 수 있다고 합니다. 죽은 아부후쿠는 나무늘보로 변하게 된다고 합니다.

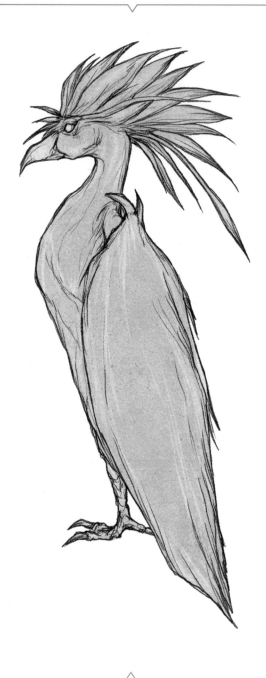

알리칸토

칠레 전설　　조류형 (0.15~0.2m)

　새의 모습을 한 괴물로, 주로 밤에 돌아다니며 금이나 은을 먹고 산다고 합니다. 알리칸토는 몸에서 빛이 나는데, 금을 먹은 알리칸토는 몸에서 금빛이 나고 은을 먹은 알리칸토는 은빛이 난다고 합니다. 암컷 알리칸토는 항상 두 개의 알을 낳는데, 알리칸토가 먹은 보석에 따라 알의 색도 달라진다고 합니다. 알리칸토의 주변에는 항상 보석이 넘쳐나며 금광이나 보석이 숨겨진 곳에 둥지를 틀고 서식한다고 합니다.

　알리칸토를 목격한 사람에게는 행운이 따르는데, 이때 알리칸토에게 들키지 않고 둥지까지 미행해야 보석을 얻을 수 있다고 합니다. 만일 중간에 알리칸토에게 들키면 사람을 절벽으로 이끌어 떨어트려 버린다고 합니다. 한편, 알리칸토는 몸에 날개가 달려 있지만 날 수 없고 날개를 편 채로 빠르게 뛰어다닌다고 합니다.

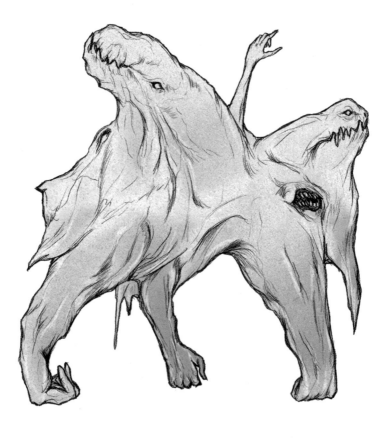

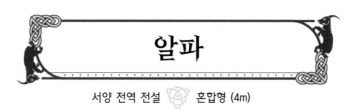

알파

서양 전역 전설 　혼합형 (4m)

　모든 괴물의 시초로 알려진 알파는 여러 종류의 짐승들이 마구잡이로 섞인 형상의 괴물입니다. 가장 오래됐다고 알려져 있지만, 정확히 어디서 어떻게 생겨났는지조차 알 수 없다고 합니다. 한 몸에 팔과 다리가 모두 뒤엉켜 있어 어디가 앞인지조차 구분할 수 없습니다. 들쭉날쭉한 모양의 뼈를 가지고 있으며 주변에서는 악취가 진동한다고 합니다. 한번 발견한 먹잇감은 절대 놓치지 않으며 먼 곳에 있는 먹잇감도 쉽게 발견해낼 뿐 아니라 아주 작은 소리도 감지할 수 있다고 합니다.

　알파는 항상 굶주려 있고 아무리 먹어도 굶주림이 해소되지 않는다고 합니다. 움직이는 모든 물체를 먹잇감으로 인지하고 놓치지 않기 위해 필사적으로 끝까지 쫓아간다고 합니다. 덩치가 큰 짐승도 한 방에 쓰러트릴 만한 힘을 가지고 있습니다. 알파의 공격을 받은 먹잇감이 기절하면 한입에 식사를 끝낸다고 합니다. 뼛조각 하나도 남기지 않고 식사를 한 후 바로 다른 먹잇감을 찾으러 간다고 합니다.

알프 루아크라

아일랜드 전설　　동물형 (0.1m)

도롱뇽의 모습을 한 괴물입니다. 알프 루아크라는 인간의 몸속에 들어가 기생하며, 숙주가 목숨을 잃을 때까지 몸 밖으로 나오지 않는다고 합니다. 특히 야외에서 자고 있는 사람들을 많이 노리며 사람이 잠을 자는 동안 입을 통해 들어가 뱃속에 자리를 잡는다고 합니다. 자리를 잡은 알프 루아크라는 뱃속에서 더는 움직일 수 있는 공간이 없을 때까지 계속 번식해 나간다고 합니다.

숙주는 뱃속에 있는 알프 루아크라를 전혀 인지하지 못하며 먹은 음식을 알프 루아크라가 다 먹어 버리기 때문에 끊임없이 배고픔에 시달리게 됩니다. 음식 섭취를 하지 못하게 된 숙주는 점점 말라가다 목숨을 잃게 되는데, 이때 알프 루아크라는 다른 숙주를 찾기 위해 몸 밖으로 빠져나온다고 합니다. 목숨을 잃기 전에 알프 루아크라를 빼내는 유일한 방법은 음식을 먹지 않는 것인데, 배고픈 알프 루아크라가 스스로 음식을 찾으러 나올 때까지 버티는 것이라고 합니다.

암피스바에나

아프리카 전설　　동물형 (0.5~0.8m)

　머리가 두 개 달린 뱀의 모습을 한 괴물입니다. 몸 양쪽 끝에 머리가 각각 달려 있는데, 암피스바에나는 일반 독사보다 두 배 이상의 독을 지니고 있기 때문에 머리 하나로는 독을 다 뿜어낼 수 없어서 두 개의 머리가 생겨난 것이라고 합니다. 암피스바에나의 독은 굉장히 강력하며 고통스럽고 느린 죽음을 선사한다고 합니다.

　사막에서 주로 서식한다고 하며 두 개의 머리가 번갈아 가면서 길을 나아가거나 옆으로 움직이며 돌아다닙니다. 암피스바에나의 가죽은 약재로 쓰이거나 튼튼한 갑옷을 만드는 데 활용하는 등 인간들이 유용하게 사용할 수 있는 재료라고 합니다. 또한, 암피스바에나는 개미의 어머니라 불리기도 하며 개미들의 숭배를 받고 있다고 합니다.

암훌룩

미국 전설 　 야수형 (5~7m)

　머리에 두 개의 뿔이 나 있고 온몸이 점무늬와 털로 덮여 있으며 네 발로 돌아다닙니다. 암훌룩은 호수에 서식하면서 익사의 저주와 질병을 몰고 다니는 괴물로, 사람들을 물에 빠져 죽게 만듭니다. 암훌룩의 눈에 보이는 모든 것은 호수로 빠지게 되는데, 주변의 나무나 동물들도 예외가 없다고 합니다.

　오래전 세 명의 아이들이 암훌룩을 마주쳤는데, 암훌룩의 뿔을 잘라 장난감으로 만들고 싶어 다가갔다가 두 명의 아이들이 목숨을 잃었다고 합니다. 암훌룩은 다가오는 아이들을 뿔로 찍은 후 그대로 호수 속으로 들어가 버렸습니다. 한 아이가 겨우 도망쳐 나와 부모에게 이 사실을 알린 후 아이들의 아버지가 호수에 다시 왔을 때까지도 여전히 아이들은 뿔에 찔린 채 울고 있었다고 합니다. 아버지는 5일 동안 아이들을 바라보며 울고 애원했지만, 암훌룩은 결국 아이들을 데리고 호수 밑으로 들어가 사라져 버렸다고 합니다.

애니멀리토

스페인 전설 　 식물형 (0.05~0.06m)

　작은 식물의 모습을 한 괴물입니다. 사람의 손가락보다 작은 크기로 눈에 잘 띄지 않으며 갈대 속에서 주로 서식한다고 합니다. 얇고 기다란 몸 끝에는 여러 갈래로 갈라지는 입만 달려 있고 다른 부분은 존재하지 않으며, 입 안쪽에는 굉장히 날카로운 이빨들이 무수히 박혀 있다고 합니다. 애니멀리토는 크기가 매우 작아 발견하기 어렵지만, 발견하게 되면 자신을 보살펴주는 인간의 소원을 들어준다고 하며, 한 번 만난 사람과 죽을 때까지 함께 한다고 합니다.

　애니멀리토는 인간의 살을 주식으로 먹는데, 특히 어린아이의 살을 좋아합니다. 24시간에 한 번씩 꼭 먹이를 주어야 하며 그렇지 않을 때에는 자신을 보살펴 주는 인간의 살점을 떼어먹는다고 합니다.

야라 마야 후

호주 신화　동물형 (1~1.2m)

붉은 개구리의 모습을 한 괴물입니다. 몸에 비해 얼굴이 크며 온몸은 털로 덮여 있습니다. 야라 마야 후의 입은 굉장히 크게 벌어지는데, 성인 남성을 한입에 삼킬 수 있을 정도라고 합니다. 야라 마야 후는 어린 아이를 가장 좋아하며 무화과나무 밑에서 자신의 먹잇감을 주로 찾는다고 합니다. 길을 잃은 아이나 여행자가 잠시 쉬어가기 위해 나무 밑에 자리를 잡으면 야라 마야 후가 그들의 피를 뽑아낸 후 한입에 삼켜 버린다고 합니다. 야라 마야 후는 사람을 삼키고 뱉는 행동을 여러 번 반복하는데, 이 과정이 반복될수록 사람의 몸은 점점 야라 마야 후처럼 변하게 된다고 합니다.

야라 마야 후의 뱃속에 한 번만 들어갔다 나와도 피부가 붉어지는 현상이 나타나며, 두세 번 반복되면 붉은 털이 자라나면서 결국 야라 마야 후가 된다고 합니다.

언 파나

브라질, 베네수엘라 전설　　혼합형 (2~3m)

　물속에 사는 물고기 모습의 괴물로, 바다보다는 깊은 강 속에서 주로 서식한다고 합니다. 전체적으로 물고기의 형태에 사람의 팔처럼 생긴 긴 팔이 몸 양쪽에 달려 있고 온몸은 털이 덥수룩하게 덮여있습니다. 얼굴은 사람인지 물고기인지 구분하기 힘든 형상으로 날카로운 이빨과 작은 눈을 가지고 있습니다. 긴 팔로 먹잇감을 낚아챈 후 물속으로 빠르게 사라진다고 하는데, 언 파나에게 잡혀간 먹잇감은 물속에서 절대 빠져나올 수 없다고 합니다.

　사람 고기를 좋아하는 식인 괴물이며 강을 건너려고 하는 사람들을 주로 잡아먹습니다. 오랫동안 지나가는 사람이 없을 때는 물고기들을 잡아먹기도 하지만, 물고기로는 배가 차지 않아 주변의 물고기들을 전부 먹어 치워 버린다고 합니다.

　언 파나는 육지로 올라올 수도 있지만, 다리가 없어 육지에서는 이동하기가 힘들고 오래 버티지 못한다고 합니다. 또한, 알 수 없는 마법을 부리거나 힘을 사용할 수 있다고 전해지지만, 정확히 어떤 힘인지는 알려지지 않았습니다.

에틴

북유럽 신화 　 인간형 (8~10m)

　하나의 몸에 두 개의 머리를 가지고 있는 거인 괴물로, 두 개의 머리는 독립적인 생각을 할 수 있으며, 한 몸을 공유할 뿐입니다. 의견이 자주 일치하지 않아서 서로 싸우고 있는 모습을 자주 볼 수 있다고 합니다.

　에틴은 머리 하나가 없어져도 살 수는 있지만, 평생 불편한 느낌을 느끼며 살아가야 한다고 합니다. 둘 중 하나의 머리는 항상 주위를 경계하고 있어서 에틴에게 기습 공격은 통하지 않으며, 적을 찾을 때는 두 개의 머리가 동시에 움직여 더 넓은 범위를 탐색할 수 있다고 합니다. 에틴은 왼쪽과 오른쪽을 반으로 나눈 듯한 자연스러운 움직임을 보여주며, 한 번에 두 개의 무기도 능숙하게 사용한다고 합니다. 하지만 지능이 높지는 않아 계략에 잘 넘어간다고 합니다.

　에틴은 사람들의 마을과 멀리 떨어진 깊숙한 숲속이나 동굴 등에서 주로 서식한다고 하며, 밝은 것을 싫어해서 낮에는 동굴에서 잘 나오지 않고 자신의 서식지에 누군가가 접근하려 하면 모조리 죽여 버린다고 합니다. 에틴은 평소에 독립적인 생활을 하다가 번식기가 오면 한곳에 모인다고 합니다.

에흐으시커

스코틀랜드 전설 　 야수형 (1~1.5m)

　말의 모습을 한 괴물입니다. 물에서만 서식한다고 하며, 괴물로 꽤장히 사납고 공격적인 성격을 가지고 있고 사람들을 괴롭히거나 사냥하는 것을 즐기기도 합니다.

　에흐으시커는 다른 동물들이나 사람의 모습으로 변신하는 능력을 가지고 있으며 사람의 모습으로 나타날 때는 머리에 모래나 진흙이 묻어 있다고 합니다. 그래서 에흐으시커가 나타나는 지역의 사람들은 물이 있는 곳 근처에서 만난 사람들을 자세히 관찰하고 경계한다고 합니다. 본래의 모습보다 조금 더 작은 조랑말의 모습으로 변신할 때도 있으며 사람이 등에 올라타면 그대로 물속으로 달려든다고 합니다. 물속에서 사람이 목숨을 잃으면 에흐으시커는 곧바로 시체를 찢어 버린 후 간만 빼고 모두 먹어 치운다고 합니다.

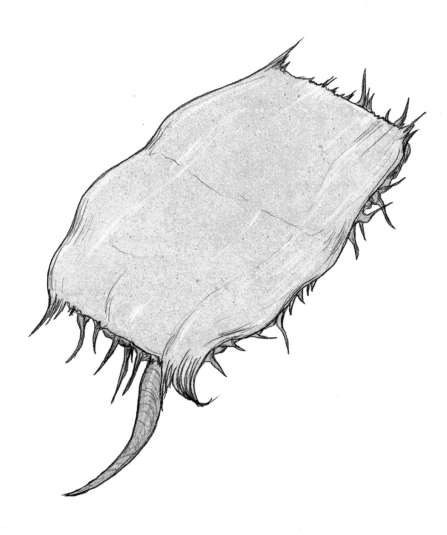

엘 쿠에로

남미 전설　어류형 (0.7~1.5m)

　가오리 모습의 괴물입니다. 동물의 가죽처럼 납작하고 넓게 뻗어 있는 형태로 몸의 아래쪽에는 날카로운 이빨들이 나 있습니다. 반점이 온몸을 덮고 있으며 여러 개의 눈은 몸 밖으로 튀어나와 있습니다.

　엘 쿠에로는 바다나 호수에서 서식한다고 하며, 물속에서 엘 쿠에로를 만난 생물은 모두 목숨을 잃게 됩니다. 어디선가 갑자기 나타나 먹잇감의 온몸을 휘감고 물속으로 더 깊이 내려가면서 수많은 이빨로 피를 빨아 먹는다고 합니다. 특히 인간을 가장 좋아한다고 합니다.

　엘 쿠에로는 다양한 피부색을 가지고 있으며 지역마다 조금씩 차이를 보이기도 합니다. 일부 지역의 사람들은 엘 쿠에로가 저주받은 인간의 영혼이 변해 생긴 괴물이라고 여긴다고 합니다.

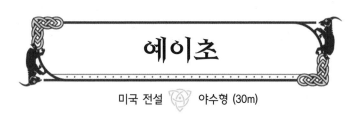

예이초

미국 전설　야수형 (30m)

　가장 거대하다고 알려진 거인 괴물입니다. 예이초는 츠질이라는 곳에 서식하며 사람이 아침부터 정오까지 걸을 수 있는 거리를 한걸음에 걸을 정도로 크다고 합니다. 예이초가 호수의 물을 마시면 그 호수는 단숨에 말라 버릴 정도라고 합니다. 온몸은 바위와 광물로 뒤덮여 있고 뾰족한 가시들이 나 있습니다. 얼굴에는 위협적인 줄무늬가 있으며 이마에는 마노로 만든 커다란 보석이 박혀 있습니다.

　예이초는 번개가 담긴 바구니를 가지고 다니며 사람을 잡아먹는다고 합니다. 나바호족 신화에 따르면 예이초는 어떤 쌍둥이들에 의해 죽었다고 전해집니다. 예이초가 평소처럼 사냥하던 어느 날, 어린아이들의 발자국을 보고 따라갔는데 그곳에 아이들은 없고 한 중년 여성만 있었습니다. 예이초는 이 발자국의 주인인 아이들을 내놓으라고 소리쳤지만, 여성은 자신이 만든 거라며 당당하게 말했고 이에 실망한 예이초는 그대로 발걸음을 돌렸습니다. 사실 그 발자국은 여성의 쌍둥이 아이들의 것이었으며, 훗날 이 쌍둥이가 성장하여 예이초를 죽이게 됩니다. 쌍둥이는 예이초의 머리 가죽을 벗겨 동쪽으로 던졌고 이 가죽은 카베존 봉우리가 되었다고 합니다. 그리고 예이초 몸에 나 있던 가시들을 가공하여 화살촉, 칼, 창 등으로 사용하였다고 합니다.

오리고루소

파푸아뉴기니 전설 혼합형 (2.5~3m)

멧돼지를 닮은 머리에 거대한 눈과 귀를 가지고 있는 괴물입니다. 그에 비해 다리가 아주 짧기 때문에 걸을 때마다 땅에 끌리는 귀를 손으로 들고 다닙니다. 잠을 잘 때는 한쪽 귀를 땅에 펼쳐놓고 다른 한쪽 귀를 덮고 잔다고 합니다. 오리고루소의 입은 큰 동물들을 한입에 삼켜 버릴 수 있을 정도로 크게 벌어지며 날카로운 엄니가 여러 개 나 있습니다. 손톱과 발톱은 굉장히 길고 뾰족한 모양입니다.

오리고루소는 숲속의 큰 나무 속이나 지하에서 서식한다고 하며, 큰 소리로 으르렁 소리를 내지만, 이 소리로 사람들과 대화를 할 수도 있다고 합니다. 가끔씩 사람들이 사는 마을을 습격해 인간을 잡아먹기도 하는데, 이때 돼지나 소를 던져 주면 도망갈 시간을 벌 수 있다고 합니다.

오오켐판

아르헨티나, 칠레 전설   야수형 (2.5~3m)

거북의 모습을 한 괴물로, 등에는 단단한 껍질이 달려 있으며 멀리서 보면 거대한 사람의 모습과 비슷해 보인다고 합니다. 오오켐판은 엄청난 괴력을 가지고 있으며 그 누구도 오오켐판을 힘으로 막아낼 수 없다고 합니다.

아이들을 유괴해 잡아먹는 괴물로 주로 혼자 돌아다니는 아이들을 노리고 다가갑니다. 먹을거리나 돈으로 아이들을 유혹한 후 아이가 다가오면 자신의 등과 껍질 사이에 있는 공간에 가둬 놓았다가 잡아먹어 버린다고 합니다. 오오켐판의 등껍질은 매우 단단해서 어떠한 무기로도 뚫을 수 없고 그곳으로 한번 들어가게 되면 쉽게 나올 수도 없다고 합니다. 한편 오오켐판의 유일한 약점은 발뒤꿈치로 이곳을 공격하면 도망갈 시간을 벌 수 있다고 합니다.

오우거

프랑스 중심 유럽 전역 전설　　인간형 (2~10m)

　거대한 인간의 모습을 한 괴물입니다. 오우거는 언덕이나 산에서 주로 서식한다고 하며 온몸이 거대한 근육으로 이루어져 있습니다. 힘이 너무 세서 오우거에게 주먹으로 한 대만 맞아도 사람은 바로 목숨을 잃을 수 있다고 하며, 사납고 잔인한 성격을 가지고 있어 사람을 산 채로 잡아먹기도 합니다. 보통 젊은 여성이나 어린아이들을 많이 잡아먹는데, 여성과 아이들의 가죽이 남성보다 더 부드럽고 먹기 편하기 때문이라고 합니다.

　오우거는 몸의 크기를 변형하거나 동물, 물건 등으로 자유롭게 변신할 수 있지만, 그 모습을 볼 수 있는 경우는 극히 드물다고 합니다. 오우거가 사는 곳은 많은 보물이 숨겨져 있는데, 사람보다 지능이 훨씬 떨어져 사람들의 꾐에 넘어가 보물을 뺏기고 쫓겨나거나 분노를 참지 못하고 자멸하는 경우가 많다고 합니다. 이렇게 사람들의 꾐에 여러 번 당하다 보니 덩치에 맞지 않게 겁이 많아져 숨어 사는 오우거가 많아지고 있다고 합니다.

오자크 하울러

미국 전설 야수형 (1m)

온몸이 검은 털로 뒤덮여 있는 사나운 괴물입니다. 오자크 하울러를 목격한 사람들은 고양이와 비슷한 모습을 하고 있다고 하는데, 실제로는 굵은 몸통에 빛나는 눈과 위협적인 뿔, 그리고 날카로운 이빨 등전혀 다른 생김새를 가지고 있다고 합니다. 오자크 하울러의 울음소리는 늑대와 하이에나의 울음소리와 나팔소리가 섞인 듯한 특이한 소리가나며, 이 소리는 죽음의 징조라고 합니다.

미국의 다양한 지역에서 출몰하며 오자크 하울러의 울음소리를 들은 사람은 곧 죽음을 맞이하게 된다고 합니다. 인간이 부도덕한 일을 저질렀을 때 나타나 저주를 내리고 사라진다고 합니다. 오자크 하울러는 갑자기 나타났다가 공중으로 뛰어올라 사라지거나 산속으로 달려가 모습을 감추곤 합니다. 다른 동물들의 모습으로 변신할 수 있다는 전설도 있습니다.

온츄

아일랜드 전설　혼합형 (0.7~1m)

　여러 동물의 모습이 섞인 괴물입니다. 알핀, 엔필드라 불리기도 하며 사자의 몸에 여우의 머리, 독수리의 날카로운 발톱, 늑대의 뒷발과 꼬리가 달려 있다고 합니다.

　다른 동물이 섞여 있는 모습의 온츄도 있으며 여러 지역에서 나타난다고 합니다. 온츄는 많은 동물이 섞여 있는 만큼 강력한 힘과 다양한 능력을 가지고 있으며, 온츄를 상징하는 뜻도 여러 가지가 있습니다. 교활함, 명예, 맹렬함 등을 나타내기 때문에 많은 곳에서 환영을 받는 괴물이라고 합니다. 또한, 온츄는 '기준'이라는 뜻을 지니고 있는데, 오래전 아일랜드의 고대 가문인 O' Kelly 가문이 전장에서 가문을 상징하는 괴물로 온츄를 사용하면서 생긴 뜻이라고 합니다.

와이번

프랑스 전설 야수형 (5~6m)

　두 발을 가지고 있는 드래곤의 하위 종족으로, 보통 드래곤은 네 개의 발을 가지고 있지만 와이번은 발이 두 개에 일반 드래곤보다 몸집이 작다고 합니다. 악어처럼 길게 늘어진 얼굴과 날카로운 발톱, 그리고 꼬리에는 독이 있다고 합니다. 숲과 강 주변에서 주로 서식한다고 하며 강 주변에 사는 와이번은 발에 물갈퀴를 가지고 있다고 합니다.

　사납고 공격적인 성격으로 눈에 보이는 생물은 모두 공격합니다. 소나 말처럼 큰 생물을 주식으로 하며 둥지를 만들어 여러 마리가 함께 서식합니다. 와이번의 알은 매우 굵고 울퉁불퉁한 껍질을 가지고 있으며 주변 환경에 따라 색이 변합니다.

　와이번은 드래곤보다 지능이 떨어져 마법을 사용할 수 없다고 합니다. 반짝이는 보석을 좋아해 사람들의 마을을 약탈하고 둥지에 보석을 모아 놓기도 합니다. 또한, 와이번은 '전쟁', '부러움', '역병'을 상징하는 존재로 알려져 있습니다.

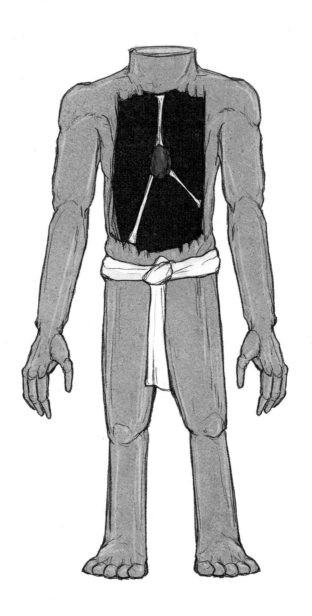

요왈테포즈틀리

멕시코 신화 인간형 (1.7~1.8m)

얼굴 없는 인간의 모습을 한 괴물입니다. 걸어 다니는 시체처럼 보이기도 하며 가슴 쪽에는 문짝이 달려 있는데, 이 안에는 심장이 하나 뛰고 있습니다. 요왈테포즈틀리는 한밤중에 숲속에서 모습을 드러내며 요왈테포즈틀리가 나타날 때는 도끼로 나무를 찍는 소리가 난다고 합니다.

명예와 부를 원하는 사람은 요왈테포즈틀리의 심장을 잡은 후 요왈테포즈틀리를 협박해 용설란 가시를 받아 원하는 바를 얻을 수 있는데, 가시의 개수에 따라 명예와 부의 양이 달라지기 때문에 최대한 오랫동안 심장을 붙잡고 있어야 한다고 합니다. 심장을 잡았지만 겁이 많아 요왈테포즈틀리와 대화를 나누지 못하는 사람은 심장을 뜯어 가서 헝겊에 싸놓고 하룻밤을 보내야 합니다. 다음 날 아침에 요왈테포즈틀리의 심장이 용설란 가시, 깃털, 목화로 변해 있다면 명예와 부를 얻을 수 있지만, 석탄이나 누더기로 변해 있다면 반드시 불행이 따르게 된다고 합니다.

웨어 울프

서양 전역 전설 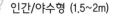 인간/야수형 (1.5~2m)

평소에는 사람의 모습을 하고 있지만 보름달이 뜨는 밤이나 마법의 띠를 두르면 늑대로 변하는 괴물입니다. 사람과 늑대가 혼혈이 되었거나 어떠한 저주를 받아 생겨난 존재라고 합니다. 늑대로 변하면 이성을 잃고 사람이나 동물을 공격해 잡아먹는다고 하며, 늑대와 비슷한 모습을 가지고 있지만, 힘과 스피드에서 훨씬 월등한 모습을 보인다고 합니다.

웨어 울프는 남녀노소 다양하게 존재하며 마법을 사용하는 개체도 있다고 합니다. 웨어 울프가 사람의 모습일 때는 구부러진 손톱과 뾰족한 귀 그리고 살 속의 털로 웨어 울프인지를 확인할 수 있다고 합니다. 웨어 울프에게 물린 사람은 웨어 울프로 변하게 되며, 이들은 은으로 만든 무기에 취약합니다. 자유자재로 변신할 수 있는 웨어 울프도 있지만, 마법으로 만든 약을 사용해 자신을 영원히 잠재우거나 특별한 마법으로 늑대의 모습을 없애버리는 웨어 울프도 있다고 합니다.

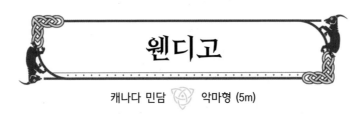

웬디고

캐나다 민담   악마형 (5m)

    뼈만 남은 얼굴에 사슴뿔이 달려 있는 괴물입니다. 웬디고는 서식지가 따로 없으며 추운 곳 어디서든 나타날 수 있습니다. 특히 심한 눈보라가 치는 날에 자주 나타나고 깊게 쌓인 눈 위에서도 빠른 속도로 뛰어다닐 수 있으며, 일반 사람의 눈으로는 볼 수 없다고 합니다.

    웬디고는 얼핏 사람의 모습으로 보이지만, 신장은 5미터 이상이고 뼈가 다 드러날 정도의 깡마른 몸을 가지고 있습니다. 뼈가 피부를 뚫고 나올 것 같이 도드라지고, 두 눈알은 이미 안쪽으로 파고 들어갔으며, 입술은 피투성이인 채로 악취를 풍기며 돌아다닌다고 합니다. 웬디고는 다양한 사람의 모습으로 변신할 수 있어서 사람들 사이에 아무도 모르게 숨어 있을 수 있다고 합니다.

    사람을 주로 얼려서 잡아먹으며 잡아먹을 때마다 먹은 양만큼 몸집이 커지기 때문에 웬디고가 한번 나타나면 여러 명의 희생자가 발생한다고 합니다.

재카로프

미국 민담 혼합형 (0.2~0.3m)

토끼 모습을 한 괴물로, 온몸은 갈색 털이 덮여 있으며 머리에는 영양의 뿔이 나 있습니다. 번개처럼 빠른 속도로 이곳저곳을 돌아다니며 지낸다고 합니다. 재카로프는 평소에는 온순하지만, 누군가의 공격을 받으면 굉장히 악랄한 성격으로 변해 자신의 단단한 뿔로 상대방을 가차 없이 공격한다고 합니다. 재카로프는 사람의 말을 흉내 낼 수도 있어 사람들이 파놓은 함정에서 쉽게 빠져나오고 반대로 사람들에게 혼란을 주기도 합니다.

또한, 재카로프는 행운을 상징하는 괴물로 여겨져 재카로프를 만난 사람들에게는 행운이 따른다는 소문 때문에 아직도 많은 사람이 재카로프를 찾아 헤매고 있다고 합니다.

좀비

중남미 전설 　 인간형 (1.5~1.8m)

　인간의 모습을 한 괴물입니다. 사람이 죽어 땅속에 묻혀 있다가 주술사에 의해 다시 태어난 존재로, 스스로 생각할 수 없으며 주술사의 명령만을 따르게 된다고 합니다. 원래 시체였던 좀비는 몸이 썩어 있고 엄청난 악취를 풍기며, 낮에는 무덤 속에 있다가 밤이 되면 활동을 시작합니다.

　좀비는 주술사의 노예로서 시키는 일은 무엇이든지 이행하며 개체마다 조금씩 다른 특성을 지니고 있습니다. 주술사가 어떠한 주술을 사용했는지에 따라 좀비의 특성이 달라지기도 하며 좀비가 생전에 가지고 있던 능력이 저절로 발현되기도 합니다. 하지만 좀비는 이미 썩어가는 몸을 가지고 있어 퇴치하기는 어렵지 않으며, 대부분 머리를 박살 내면 사라진다고 합니다.

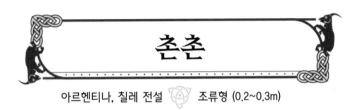

촌촌

아르헨티나, 칠레 전설 　　조류형 (0.2~0.3m)

　커다란 귀가 달린 새의 모습을 한 괴물로, 사람의 얼굴이나 올빼미의 모습과 비슷해 보이기도 하며 커다란 귀를 이용해 날아다닌다고 합니다. 촌촌은 어디서 나타나는지 전혀 알 수 없으며 밤이 되면 기괴한 소리와 함께 마을에 나타나 병이 든 사람의 혼을 잡아먹고 자고 있는 사람들의 피를 빨아먹는다고 합니다. 그래서 촌촌이 나타나면 병든 사람의 죽음을 미리 예상할 수 있다고 합니다.

　촌촌은 사람들이 붙잡을 수는 있지만, 다음날 밤이 되면 여러 마리의 촌촌이 나타나 붙잡힌 촌촌을 구해준다고 합니다. 그리고 촌촌을 붙잡은 사람을 찾아가 주변을 빙빙 돌며 날아다니는데, 그렇게 하면 촌촌을 붙잡은 사람의 귀가 점점 커지면서 머리가 뚝 떨어지고 결국 촌촌으로 변해 다른 촌촌들과 함께 날아가 버린다고 합니다.

추파카브라

미국 민담 　 악마형 (1m)

　등에 뾰족하고 긴 가시들이 박혀 있고 도마뱀 꼬리가 달린 괴물입니다. 눈은 볼록하게 튀어나오고 날카로운 이빨을 가지고 있으며, 몸에는 털이 하나도 없습니다. 두 발을 이용해 똑바로 서서 걸어 다닌다고 합니다.

　추파카브라는 동물들의 피를 주식으로 마시는데, 여러 지역에서 피가 없이 죽은 다양한 동물들이 발견되면 모두 추파카브라의 짓이라고 생각한다고 합니다. 한번에 여러 마리의 동물들을 사냥하기 때문에 추파카브라가 지나가면 주변의 가축들이 모두 죽어 있다고 하며, 토끼와 같은 작은 동물부터 소처럼 큰 동물까지 다양한 동물들이 피해를 당합니다. 추파카브라가 죽인 동물들의 몸에는 세 개의 구멍이 뚫려 있고 피가 한 방울도 남아있지 않다고 합니다. 추파카브라가 아직 사람을 해쳤다는 이야기는 없지만, 추파카브라의 볼록한 눈동자와 눈이 마주치면 등골이 오싹하고 섬뜩한 기운이 든다고 합니다.

카르분클로

아르헨티나, 칠레 전설 식물형 (0.3~0.4m)

빛나는 석탄의 모습을 한 괴물입니다. 머리에는 거울이 달려 있으며 반딧불이와 비슷해 보이기도 합니다. 몸은 여러 부위로 나누어져 있고 멀리서도 잘 보일 정도로 밝은 청색 빛을 낸다고 합니다.

위협을 느끼거나 적이 나타나면 빛을 죽이고 일반 돌멩이로 위장한다고 합니다. 카르분클로는 예민한 청력을 지니고 있어서 아주 작은 소리에도 금방 반응하고 빠르게 도망가거나 몸을 숨겨 버립니다. 밤에 활동하는 것을 좋아하며 대부분 물이나 음식을 찾기 위해 나온다고 합니다.

카르분클로를 잡으면 엄청난 행운이 찾아온다 하여 많은 사람들이 카르분클로를 찾아 나섰지만, 이제까지 단 한 명도 카르분클로를 잡지 못했다고 합니다.

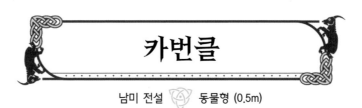

카번클

남미 전설 　 동물형 (0.5m)

　토끼나 다른 작은 동물들을 섞어 놓은 모습을 한 작은 초식 괴물로, 이마에는 커다란 보석이 박혀 있고 길고 부드러운 털을 가지고 있습니다. 카번클은 '보석의 수호신'으로 여겨지며 보석을 보호하기 위해 평소에는 긴 털로 가리고 있다고 합니다. 숲속에 서식하며 밤에만 먹이를 찾으러 나오는데, 보석의 밝은 빛 때문에 쉽게 찾을 수 있다고 합니다.

　카번클의 보석을 소유하면 엄청난 부를 축적할 수 있어 많은 사람들이 카번클을 사냥하고 싶어 하는데, 카번클은 청력이 매우 발달하여 조금만 소리가 나도 금방 눈치챈다고 합니다. 카번클이 위협을 받으면 보석에서 빛이 나는데 그 빛을 본 사람들은 모두 눈이 멀어버린다고 합니다. 그러나 이 현상은 일시적인 것으로 사람들의 눈이 보이지 않는 동안 빠른 속도로 어둠 속으로 사라져 버리거나 몸을 웅크려 바위로 위장한다고 합니다. 카번클이 죽으면 보석이 효과를 발휘하지 못하므로 카번클이 살아있는 동안 보석을 떼어 내야 한다고 합니다.

카소고나가

아르헨티나 전설 　 동물형 (1.2m)

　개미핥기와 같은 모습의 괴물로, 무지개색 털이 온몸을 덮고 있으며 얼굴에는 기다란 입이 달려 있습니다. 카소고나가는 사람의 모습으로 변신해 나타나기도 하는데, 덥수룩한 머리와 온몸에 털이 덮인 작은 인간의 모습으로 나타난다고 합니다.

　카소고나가는 하늘에 살며 날씨를 조절하는 능력을 가지고 있습니다. 입을 열면 번개가 치고 성난 울음소리는 천둥이 되며 비를 내리거나 그치게 할 수도 있다고 합니다. 가끔 카소고나가가 땅으로 떨어질 때가 있는데, 혼자 힘으로는 돌아갈 수 없어서 사람들이 도와줘야 한다고 합니다. 먼저 바닥에 모닥불 지필 자리를 만들어 놓고 불을 붙이기 전에 그 위에 카소고나가를 올려 놓아야 합니다. 불을 피우면 연기가 나면서 카소고나가가 다시 하늘로 올라갈 수 있다고 하며, 하늘로 올라간 카소고나가는 자신을 하늘로 올려준 사람에게 은혜를 갚기 위해 그 사람이 원하는 대로 날씨를 변화시켜 준다고 합니다.

카예리

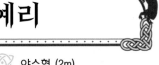

콜롬비아, 베네수엘라 민담　야수형 (2m)

　버섯 모양의 모자를 항상 쓰고 있는 괴물입니다. 짐승의 모습을 하고 있지만 두 발로 걸어 다닙니다. 카예리는 비가 오는 날에 자주 나타나며 장마철은 카예리가 활동하기 가장 좋은 시기라고 합니다. 비가 오지 않는 날에는 땅속 나무뿌리 아래에 머무르며 개미가 만든 구멍을 통해 길을 찾아 나온다고 합니다. 비가 오는 날 땅 위에 개미 구멍이 커다랗게 나 있으면 카예리가 지상으로 올라왔다는 뜻입니다.

　카예리는 소를 주식으로 먹으며, 그 자리에서 먹어 치울 때도 있고 소를 훔쳐 달아날 때도 있다고 합니다. 소의 뿔은 물론 뼈도 남기지 않고 한 번에 다 먹어 치워 버린다고 합니다. 또한, 카예리는 인간 여성들을 좋아하여 여성들을 자주 납치하고 악행을 저지른다고 합니다. 힘이 세고 굉장히 빨리 달리기 때문에 죽이기가 쉽지 않지만, 뼈로 만든 화살을 카예리의 신장에 꽂아 죽일 수 있다고 합니다. 화살에 꽂힌 카예리는 돌로 변하여 더는 사람에게 해를 끼치지 못하게 된다고 합니다.

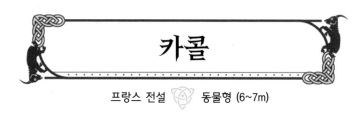

카콜

프랑스 전설 　동물형 (6~7m)

　달팽이 모습을 한 괴물입니다. 로 카콜이라고도 불리며 거대한 몸집을 가지고 있습니다. 온몸은 끈적끈적한 털로 덮여 있고 입 주위에는 여러 개의 촉수가 길게 나 있는데, 이 촉수는 자유롭게 길이가 조절되며 몇천 미터 이상으로 늘어날 수 있다고 합니다.

　카콜은 프랑스의 한 동굴에서 서식하는데, 언제 어디서 나타났는지는 아무도 알 수 없다고 합니다. 카콜은 동굴 안에서 몸을 숨긴 채 촉수를 이용해 먹잇감을 동굴로 잡아 온다고 합니다. 촉수를 땅 위에 길게 늘어뜨려 놓고 먹잇감이 촉수에 걸리면 바로 끌어당깁니다. 촉수에 잡힌 먹잇감은 절대로 촉수를 벗어날 수 없고 그대로 끌려와 카콜에게 한입에 삼켜진다고 합니다. 그리고 카콜이 지나간 자리에는 리본처럼 말린 얇은 갈색 풀이 자라나는데, 이 풀을 밟은 사람은 불행해진다고 합니다.

카토벨파스

미국, 아프리카 전설 악마형 (2m)

　세상에서 가장 흉측하게 생긴 괴물로, 기다란 몸에 짧은 다리와 꼬리를 가지고 있습니다. 머리가 너무 무거워서 항상 아래쪽으로 향해 있고 긴 털이 머리부터 온몸을 덮고 있습니다. 행동은 굉장히 느릿느릿하며 늪과 습지에 주로 서식한다고 합니다. 느릿한 행동에 비해 빠르게 움직이는 꼬리로 적을 제압할 때도 있습니다.

　카토벨파스의 눈은 항상 충혈되어 있고 눈이 마주친 자는 즉사한다고 합니다. 카토벨파스와 마주친 자는 모두 목숨을 잃었기 때문에 카토벨파스를 직접 본 사람은 아무도 없다고 합니다. 카토벨파스는 독성이 있는 식물을 주식으로 먹는다고 합니다. 카토벨파스가 위협을 느끼면 털을 세워 적에게 경고하고 입에서 독가스를 내뿜는데, 이 가스를 마시면 목소리가 나오지 않고 온몸에 경련이 일어나서 죽게 된다고 합니다. 그래서 동물들은 절대 카토벨파스 근처로 가지 않는다고 합니다.

칼라드리우스

유럽 전설 　 조류형 (0.3~0.5m)

　작은 새의 모습을 한 괴물입니다. 칼라드리우스는 우아한 자태와 눈부신 흰 털을 가지고 있는 순결한 종족으로, 사람들의 병을 고쳐주는 선한 존재로 여긴다고 합니다. 칼라드리우스는 환자의 생사를 판단할 수 있는데, 칼라드리우스가 환자를 빤히 응시하면 그 환자는 곧 병이 낫고 건강해지며 아프지 않은 사람이 마주치면 생명이 더해진다고 합니다. 하지만 칼라드리우스가 고개를 돌리면 그 환자는 곧 죽게 된다고 합니다.

　또한, 칼라드리우스의 부리가 상처에 닿거나 아픈 사람이 칼라드리우스를 만지기만 해도 병이 호전된다고 합니다. 이 능력 때문에 많은 사람들이 칼라드리우스를 포획해 수가 많이 줄어들었고 현재는 쉽게 찾을 수 없다고 합니다.

　칼라드리우스는 사람에게 피해를 주지 않지만, 칼라드리우스에게 해를 가하거나 잡아먹으면 그 사람은 평생 불운에 시달리거나 목숨을 잃게 됩니다. 이렇게 순결하고 고귀한 칼리드리우스는 '기적의 새'라고 불리기도 합니다.

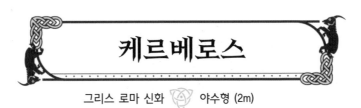

케르베로스

그리스 로마 신화 　 야수형 (2m)

　　머리가 세 개 달린 개의 모습을 한 괴물로, 케르베로스는 저승세계의 입구를 지키며 지옥의 파수꾼으로 불린다고 합니다. 하나의 몸에 사냥개의 머리가 세 개 달려 있고 용의 꼬리를 가지고 있으며, 세 개의 머리에는 모두 검고 날카로운 이빨을 가지고 있어 케르베로스에게 한번 물리면 절대 빠져나올 수 없다고 합니다.

　　청동을 문지르는 듯한 울음소리를 내며 이 울음소리를 들으면 온몸이 경직되어 손가락도 움직일 수 없게 된다고 합니다. 케르베로스는 누구에게도 지지 않는 막강한 힘을 가지고 있습니다. 저승 입구에 있는 하데스의 강 건너편에 서식하며 오고 가는 사람들을 감시합니다. 저승으로 향하는 죽은 자들에게는 무척 친절하지만, 반대로 이승으로 되돌아가려는 사람을 발견하면 엄청나게 짖거나 물어서 도망가지 못하게 합니다. 또한, 살아있는 사람이 지하세계에 들어가는 것도 막아낸다고 합니다.

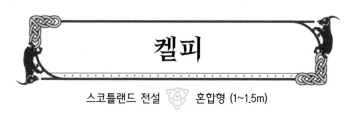

켈피

스코틀랜드 전설 　 혼합형 (1~1.5m)

　말의 모습을 한 괴물입니다. 일반적인 말과 거의 유사한 모습이지만, 말굽이 거꾸로 달려 있다고 합니다. 켈피는 힘이 굉장히 세며 강이나 시냇가에서 사람들을 잡아먹고 삽니다. 사람들을 물속으로 잡아 오거나 일부러 강물을 넘치게 만들어 물에 빠지게 하는 경우도 있다고 합니다. 강 주변에서 풀을 뜯고 있다가 다가오는 사람을 꾀어서 등에 태워 물속으로 들어가기도 하는데, 이때 켈피의 목에 고삐를 걸면 켈피를 마음대로 조종할 수 있게 된다고 합니다.

　하지만 켈피에게 너무 무리한 요구를 하면 자손 대대로 저주를 받기도 합니다. 또한, 폭풍이 오기 전 켈피는 큰 소리를 내며 돌아다니다가 폭풍우가 몰아치기 시작하면 수면 위를 뛰어다니는 습성이 있다고 합니다.

코아

페루 전설 　동물형 (0.4~0.6m)

고양이 모습을 한 괴물로, 회색빛 털이 온몸을 덮고 있으며 몸을 따라 여러 갈래의 검은색 줄무늬가 있습니다. 코아의 눈에서는 빛이 나는데, 이 빛이 땅을 비추면 우박이 내리고 꼬리를 흔들면 벼락이 친다고 합니다. 안데스산맥에 서식하며 산 위에서 구름을 휩쓸고 내려오기도 합니다.

코아가 지나간 자리는 모두 파괴되고 농작물이 시들어 사람들에게 피해를 주기 때문에 악한 괴물로 여겨지지만, 마법사들에게 코아는 강력한 힘을 제공해주는 원천이라고 합니다. 코아의 벼락을 맞으면 마법을 사용할 수 있어서 제물을 바쳐 일부러 불러내기도 합니다. 향, 포도주, 금, 은 반짝이 가루, 라마의 기름, 곡물 등을 적절히 섞어 높은 곳에서 태우면 코아가 마법사들의 제물을 받고 힘을 빌려준다고 합니다.

코카트리스

프랑스 전설 혼합형 (0.3~0.4m)

    닭의 모습을 한 괴물로, 수탉의 몸에 드래곤의 날개와 뱀의 꼬리를 가지고 있습니다. 수탉이 낳은 알을 뱀이나 두꺼비가 품어 알이 부화하게 되면 코카트리스가 태어난다고 합니다. 코카트리스는 부화하자마자 어두운 곳으로 몸을 피하는데, 갓 태어난 코카트리스를 누군가가 발견하면 바로 죽어버리기 때문입니다. 반대로 코카트리스가 누군가를 먼저 발견하면 상대방은 죽게 되고 코카트리스에게 손을 대거나 눈이 마주친 사람은 그 자리에서 돌로 변해 버린다고 합니다.

    코카트리스가 내뿜는 숨결에는 독성이 있어 사람을 무기력하게 만들고 동물과 식물은 말라 죽게 만듭니다. 모든 짐승이 코카트리스의 주변에서 죽음을 맞이하게 되지만, 족제비는 코카트리스를 물리칠 수 있는 유일한 동물이라고 합니다. 코카트리스가 자신의 눈을 봐도 목숨을 잃을 수 있어서 거울로 코카트리스를 비춰 소멸시킬 수 있다고 합니다.

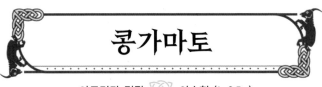

콩가마토

아프리카 민담　야수형 (1~2.5m)

익룡의 모습을 한 괴물입니다. 온몸이 붉은색으로 박쥐와 비슷한 날 개를 가지고 있으며, 검은색을 띠는 콩가마토도 있다고 합니다. 얼굴에는 기다란 부리가 달려 있으며 부리 안에 날카로운 이빨이 나 있습니다.

콩가마토는 습한 늪지대에서 서식하는 것을 좋아하며 사람들이 배를 타고 지나가면 공격하여 배를 뒤집은 후 물에 빠진 사람을 잡아먹는다고 합니다. 사람을 먹을 때는 두 개의 손가락, 두 개의 발가락, 귓불과 코만 먹는다고 합니다. 콩가마토를 피해 습지를 안전하게 지나가려면 물렌디 나무뿌리와 물을 섞어 반죽을 한 후 물에 뿌리면 된다고 합니다. 실제로 콩가마토를 목격한 사람들은 익룡의 마지막 후손이라 믿으며 굉장히 강력한 불멸의 존재로 여긴다고 합니다.

쿠시

스코틀랜드 전설　　동물형 (1m)

늑대 또는 개의 모습을 한 괴물로, 온몸에 털이 덥수룩하며 긴 꼬리는 말려있거나 땋아 내려져 있습니다. 큰 눈은 불꽃의 색을 띠며 사람의 손 크기만 한 발을 가지고 있습니다. 주로 황무지를 돌아다니며 바위 틈에 둥지를 틀고 지낸다고 합니다.

쿠시는 죽음의 징조로 사람의 영혼을 저승으로 유인하며, 아무런 소리도 없이 다가가 조용히 사냥을 끝내버린다고 합니다. 하지만 가끔 쿠시도 울음소리를 내는데, 쿠시가 짖으면 먼바다에서도 들릴 정도로 큰 소리가 난다고 합니다. 쿠시의 울음소리를 들은 사람은 공포에 휩싸이게 되고 울음소리를 세 번 이상 들은 사람은 목숨을 잃는다고 합니다. 따라서 울음소리를 세 번 다 듣기 전에 소리가 닿지 않는 곳으로 피해야 살 수 있다고 합니다. 특히 아이를 키우는 여성들을 저승으로 많이 데려가기 때문에 쿠시의 울음소리가 들리면 남편들은 아내를 먼저 안전한 곳으로 숨겨 놓아야 한다고 합니다.

쿠카

브라질 전설　인간형 (2m)

　악어의 머리와 비늘로 덮여 있는 몸을 가지고 있는 괴물입니다. 악어의 모습이지만 두 발로 땅을 걸어 다닙니다. 여성의 모습을 하고 있어 마녀라는 전설도 있습니다. 부모님 말씀을 듣지 않거나 장난을 심하게 치는 아이들을 잡아먹으며 흔적도 남기지 않고 한입에 먹어 치운다고 합니다. 평소에는 어두운 그림자나 물속에 숨어서 아이들을 지켜봅니다. 아이들을 잡아먹기도 하지만 돌아올 수 없는 곳으로 보낸다고 합니다.

　쿠카는 7년에 한 번 하루만 잠자리에 든다고 합니다. 낮이든 밤이든 자유롭게 활동할 수 있지만, 밤에 잠을 자지 않는 아이들을 찾기 위해 밤에 돌아다니는 것을 더 좋아한다고 합니다. 화가 난 쿠카가 소리를 지르면 온 마을에 울려 퍼질 정도로 큰 소리가 난다고 합니다.

크라노콜랩티즈

이집트 전설　곤충형 (0.02m)

　나방의 모습을 한 괴물입니다. 머리에는 털이 달린 더듬이가 나 있고 아래쪽에는 치명적인 독이 든 침이 달려 있습니다. 무늬가 새겨진 네 개의 날개가 온몸을 덮고 있으며, 날개를 움직여 날아간 자리에는 쾌쾌한 먼지가 남는다고 합니다. 크라노콜랩티즈는 나무에서 자라나며 자라난 곳에서 계속 서식한다고 합니다.

　사람들이 지나가면 머리나 목을 공격하는데, 크라노콜랩티즈의 독침을 맞은 사람은 그 자리에서 즉사한다고 합니다. 크라노콜랩티즈의 몸집이 너무 작아 사람들이 발견하기 어려워 독침을 피할 방법은 없지만, 기름에 빠진 크라노콜랩티즈를 해독제로 사용할 수 있다고 합니다. 사람들의 머리를 자주 노리기 때문에 헤드 스트라이커라 불리기도 합니다.

크라켄

북유럽 전설　어류형 (500~2,000m)

　오징어의 모습을 한 거대 괴물입니다. 몸이 너무 거대해서 크라켄을 목격한 사람들은 바다 위의 섬이라고 착각을 할 정도라고 합니다. 여러 개의 길고 거대한 팔을 가지고 있으며 이 팔로 바다에서 헤엄을 치거나 먹이를 잡아먹습니다. 크라켄은 특유의 냄새를 퍼트려 주변의 물고기들을 끌어들이고 잡아먹는데, 한번 식사를 시작하면 몇 개월 동안 먹기만 한다고 합니다.

　굉장히 게으른 성격을 가지고 있어 평소에는 해저에 누워있지만, 가끔 바다 위를 지나가는 배를 습격해 사람들을 잡아먹을 때도 있습니다. 한입에 큰 배를 삼켜 버린다고 합니다.

　크라켄이 물을 뿜으면 바다에 소용돌이가 일어나고 먹물을 뿜으면 주변 바다가 한동안 새까맣게 변해버린다고 합니다. 수중 지진을 일으키는 초음파 소리를 낼 때도 있습니다. 이때 바다 위를 지나는 배는 크라켄을 마주하기도 전에 소용돌이나 지진에 휘말려 난파되는 경우가 많다고 합니다. 한편 크라켄은 너무 거대해서 번식할 수 없으며 이 세상에 단 두 마리만 존재한다고 합니다.

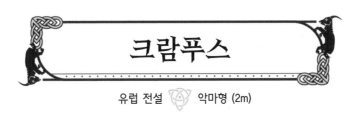

크람푸스

유럽 전설 ◈ 악마형 (2m)

　염소와 사람의 모습이 섞인 괴물입니다. 악마의 혈통을 가진 크람푸스는 머리에 긴 뿔이 나 있고 들쭉날쭉한 날카로운 이빨과 기다란 혀를 가지고 있습니다. 눈은 항상 충혈되어 있으며 지저분한 털로 덮인 몸에 후크 체인을 걸고 나타난다고 합니다.

　크람푸스는 성탄절에 나타나는 산타클로스와 함께 나타나는데, 산타클로스가 착한 아이들에게 상을 준다면 크람푸스는 나쁜 아이들에게 벌을 주는 '사악한 산타클로스'입니다. 크람푸스가 나타날 때는 종소리가 울리고 큰 자루나 바구니를 들고 있다고 합니다. 크람푸스를 피할 방법은 없으며 잘못을 한 아이들이 다시 착한 행동을 하지 않으면 크람푸스가 잡아먹거나 지옥으로 보내 버린다고 합니다.

　유럽의 여러 나라에서는 사람들이 크람푸스 분장을 하고 퍼레이드를 하는 많은 축제를 시행하는데 이는 크람푸스를 쫓아내기 위한 의식이 수백 년 동안 이어져 온 행사라고 합니다.

크로코타

그리스 전설 　 동물형 (1.5m)

　하이에나의 모습을 한 괴물로, 늑대와 개가 섞인 모습이기도 하
며 세 개의 눈과 줄무늬가 그려진 몸을 가지고 있습니다. 크로코타는 강
철 무기에도 부러지지 않는 뼈와 빠른 속도를 가지고 있어 쉽게 제압
할 수 없다고 합니다. 단단한 이빨로 무엇이든 씹어 삼킬 수 있다고 합
니다.

　크로코타는 동물들이 무리지어 사는 지역에서 많이 발견되며 동굴
이나 버려진 건물에서도 서식합니다. 사람을 주로 잡아먹지만, 동물들
을 잡아먹을 때도 있습니다. 크로코타는 어떠한 생물이든 한 자리에
서 벗어날 수 없게 만드는 마법을 사용하기도 합니다. 사람의 말을 흉
내 낼 수 있어 곤경에 처한 척하며 사람들을 집 밖이나 숲속으로 유인
해내는데, 이름을 부르거나 가족을 흉내 내서 꾀어내므로 사람들은 크
로코타에게 쉽게 속아 넘어간다고 합니다. 크로코타에게 속아 집 밖으
로 나오거나 숲속으로 가게 되면 크로코타가 갈기갈기 찢어버리거나 한
입에 삼켜버린다고 합니다.

키클로프스

그리스 로마 신화 🔯 인간형 (3m)

　그리스 로마 신화에 나오는 외눈박이 삼 형제 중 한 명으로, 싸이클롭스라 불리기도 하며 세계가 창조되었을 때부터 존재했다고 합니다. 머리에는 털이 없고 이마의 한가운데에 둥근 눈이 박혀 있으며 엄청난 힘을 가지고 있습니다.

　여러 명의 키클로프스가 존재하지만, 이들은 혼자 지내는 것을 좋아합니다. 하지만 동료가 어려움에 처하면 반드시 달려가서 힘을 빌려준다고 합니다. 폭풍을 상징하는 키클로프스는 번개를 자유롭게 다룰 줄 알며 신 제우스가 사용하는 번개도 키클로프스의 도움으로 완성되었다고 합니다. 제우스의 번개뿐만 아니라 여러 신의 다양한 무기와 작품들을 만들고 고대 도시의 성벽들을 지었습니다. 이탈리아 시칠리아섬의 에트나 화산이 키클로프스의 작업장인데, 화산에서 나는 열기와 소음은 키클로프스의 작업 과정 중에 생기는 현상이라고 합니다. 한편 키클로프스는 굉장히 폭력적이고 인간을 먹는 식인 괴물이지만 누군가 은혜를 베풀면 꼭 잊지 않고 보답한다고 합니다.

타라스크

프랑스 전설　야수형 (3~5m)

　파충류 모습을 한 타라스크는 괴물 리바이어던과 당나귀 사이에서 태어난 괴물로 사람을 한입에 삼킬 정도로 거대합니다. 몸에는 단단한 비늘이 덮여 있고 네 개의 긴 다리가 달려 있습니다.

　타라스크는 프랑스 로느 강에 서식하는데, 강 주변을 걷는 행인이나 지나가는 배를 습격해 사람들을 물에 빠트린다고 합니다. 굉장히 공격적인 성격으로 마주치는 사람들을 모두 공격하고 타라스크가 숨만 쉬어도 독이 공기에 스며든다고 합니다. 이 때문에 주변 마을이 모두 황폐해진 적도 있다고 합니다.

　타라스크는 다양한 모습으로 묘사되기도 하는데, 거북의 등껍질이나 사자의 머리가 달려 있거나 날카로운 꼬리가 달린 용으로 전해지기도 합니다.

타피레 이아우아라

브라질 전설 동물형 (1.5~2m)

붉은 재규어 모습의 괴물로, 다양한 무늬의 반점들이 온몸을 덮고 있으며 다리는 굽이 달린 소와 비슷한 모습입니다. 가슴에는 개체마다 다른 색 털이 나 있는데, 붉은색, 금색, 검은색 등으로 다양하다고 합니다.

타피레 이아우아라는 사람들이 잘 다니지 않는 깊은 숲속이나 늪지 주변에서 서식한다고 하며, 사람을 만나면 잡아먹기도 합니다. 물고기나 다른 동물들도 잡아먹는 잡식성입니다. 날카로운 발톱과 이빨로 먹이를 잡아먹는데, 타피레 이아우아라가 누군가를 공격하기도 전에 타피레 이아우아라에게서 나는 악취로 대부분 기절해 버린다고 합니다. 이 냄새만으로 사람들이 목숨을 잃기도 합니다. 이때는 몸에서 영혼이 바로 빠져나가는 것이기 때문에 영혼을 되돌릴 방법이 있는데, 피라냐의 뼈와 나뭇잎 그리고 나뭇가지를 태운 연기를 들이마시게 하면 영혼을 다시 몸속으로 불러올 수 있다고 합니다.

트라이큐스

프랑스,벨기에 전설　　갑각류형 (1m)

　거대한 게의 모습을 한 괴물입니다. 바다에 사는 게와 모습이 비슷하지만, 둥글고 납작한 몸에 훨씬 많은 다리를 가지고 있으며 다리에는 뻣뻣한 털들이 나 있습니다. 크기는 사람의 절반 정도이며 튀어나온 눈은 사람의 주먹만 하고 커다란 입에는 상어와 비슷한 이빨을 가지고 있다고 합니다.

　트라이큐스는 강의 가장 깊고 물살이 센 곳에서 서식한다고 합니다. 바위 사이를 파고들어 몸을 숨긴 뒤 사냥감이 가까이 올 때까지 기다립니다. 가축이든 사람이든 마주치는 모든 생물을 잡아먹으며 수많은 다리와 집게발을 이용해 사냥감을 움직일 수 없게 만드는데, 트라이큐스의 집게발에 한번 잡히면 다시는 살아나올 수 없다고 합니다. 식사 후에는 몸속에 있는 혈액 저장고에 피를 저장하여 에너지를 충전한다고 합니다. 덩치가 큰 생물을 잡아먹은 후에는 뼛조각들을 조금씩 토해낸다고 합니다.

틀리코틀

멕시코 신화 　동물형 (3~4m)

　뱀의 모습을 한 괴물입니다. 두 갈래로 갈라진 꼬리와 타오르는 듯한 눈을 가지고 있으며 몸은 성인이 두 팔로 겨우 감쌀 정도의 두께로 강력한 힘을 가지고 있습니다.

　틀리코틀은 늪지나 물이 차 있는 동굴에서 서식하며 평소에는 물고기를 주로 먹습니다. 흡입력이 강해 멀리서도 물을 빨아들여 물고기를 잡아먹는다고 합니다. 사람을 마주치면 독침을 쏴 공격하고 잡아먹기도 하는데, 두 갈래로 갈라진 꼬리를 사람의 콧구멍에 각각 집어넣고 서서히 목숨을 잃게 만듭니다. 틀리코틀에게 한번 붙잡히면 다시는 빠져나올 수 없다고 합니다.

　틀리코틀을 피하는 유일한 방법은 속이 빈 튼튼한 나무속에 숨는 것으로, 나무 안에 들어가 몸을 숨기면 틀리코틀이 나무를 부수려고 조여 오지만, 결국 자신의 힘이 다해 스스로 죽는다고 합니다.

파몰라

미국 전설 　혼합형 (2~3m)

　무스의 얼굴과 뿔, 사람의 몸과 팔, 독수리의 날개와 발을 가지고 있는 괴물입니다. 파몰라는 미국 동북부 끝에 있는 메인주의 가장 높은 산에서 서식하며 천둥과 산을 상징합니다.

　파몰라는 날씨를 자유롭게 조절하는 능력이 있으며, 사람들에게 도움을 줄 때도 있지만 화가 나면 눈보라를 일으키고 엄청난 추위를 몰고 온다고 합니다. 파몰라는 산에 침입하는 것을 싫어해서 사람들이 산에 오르려고 하면 눈보라나 태풍을 일으켜 올라오지 못하게 만듭니다. 혹시라도 파몰라가 있는 곳 주변에서 잠이 들면 파몰라는 그 사람에게 악몽을 꾸게 만든다고 합니다.

　파몰라는 1년에 한 번 온 하늘을 여행하는데 동쪽 끝에서 서쪽 끝까지 소리를 지르며 날아다닌다고 합니다. 이때 기름을 불에 태워 파몰라가 아래쪽을 바라보게 만들면, 파몰라가 그 사람에게 큰 도움을 준다고 합니다.

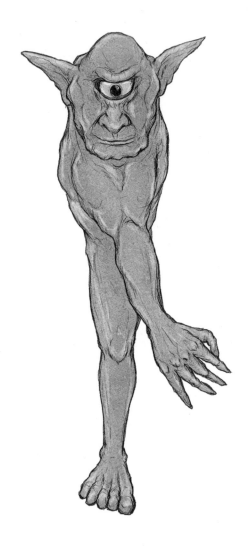

파한

스코틀랜드 전설　　인간형 (0.5~0.8m)

　외발 난쟁이 모습의 괴물로, 눈과 팔 하나만 있으며 눈은 이마 정중앙에, 팔은 가슴 한가운데에 달려 있습니다. 머리와 몸 전체에 털이 덮여 있는데, 사람이 파한을 마주치면 심장마비로 목숨을 잃을 정도의 기괴한 모습이라고 합니다.

　파한은 성격이 굉장히 포악해서 항상 가시가 박힌 몽둥이를 들고 다니면서 눈에 보이는 것들을 모두 파괴한다고 합니다. 자신 이외에 모든 것들을 싫어하며 팔과 다리가 하나뿐이지만 엄청난 괴력을 가지고 있습니다. 이는 거대한 과수원과 농장을 하루 만에 파괴할 수 있는 힘이라고 합니다. 파한이 사는 곳은 한눈에 알아볼 수 있을 정도로 황폐한 곳으로 작은 풀조차 자라나지 않는 땅에서 서식한다고 합니다.

팔 라이 유크

알래스카 전설 　야수형 (10~11m)

　악어의 모습을 한 괴물입니다. 기다란 몸통은 털로 덮여 있으며 길쭉한 머리와 여섯 개의 다리가 달려 있습니다. 몸은 세 개의 부위로 각각 나뉘어 있습니다.

　팔 라이 유크는 물속에서 서식하지만, 사람을 잡아먹기 위해 육지 주변에서 자주 머무르며, 사람이 많이 다니는 호수나 강 주변에서 나타난다고 합니다. 물 위를 지나는 배를 공격하기도 하며 잔인하고 끔찍한 식성을 가지고 있어 팔 라이 유크에게 잡힌 사람은 고통 속에 목숨을 잃게 됩니다.

　팔 라이 유크를 사냥하려면 먼저 통나무 안에 팔 라이 유크를 잡아넣고 단단한 몽둥이로 머리를 때려서 잡아야 한다고 합니다. 그렇지 않으면 팔 라이 유크의 몸이 땅속으로 가라앉아 버린다고 합니다.

퍼쿠지

미국 전설　인간형 (0.7~0.8m)

　사람과 비슷해 보이지만 사람보다는 작고 징그러운 모습의 괴물입니다. 사람과 비슷한 이목구비를 가지고 있으며 코와 귀, 손이 굉장히 크고 등에는 뾰족한 털이 길게 나 있습니다.

　늪지대에 주로 서식하며 다양한 모습으로 변신할 수 있다고 합니다. 퍼쿠지는 매우 독립적이고 까다로운 성격으로 아주 오래전에는 사람들과 가까이 살며 친하게 지냈지만, 지금은 사람들을 싫어해 멀리 떨어져 지낸다고 합니다. 여전히 사람들을 괴롭히고 장난치는 것을 좋아하지만 끝내는 죽음으로 인도하며 사람들을 괴롭히는 속임수를 다양하게 알고 있다고 합니다. 마법을 사용해 불을 만들어 내고 마음대로 나타났다가 사라지는 능력이 있으며 독화살을 발사해 사람들을 위험하게 만들기도 합니다.

　한번 퍼쿠지의 눈에 띈 사람은 끝까지 쫓아다니면서 괴롭히는데, 사람들을 납치해 절벽에서 밀어버리거나 칼과 창을 이용해 공격한다고 합니다. 퍼쿠지가 죽인 사람들의 영혼은 퍼쿠지에게 귀속되어 죽은 후에도 퍼쿠지를 벗어날 수 없다고 합니다.

페리톤

유럽 전설 　혼합형 (1.5~2m)

　새의 몸통에 사슴의 머리가 달린 괴물입니다. 몸에는 녹색, 청색, 검은색, 자주색 등의 다양한 깃털이 나 있으며 칼처럼 날카로운 발톱을 가지고 있습니다. 눈은 붉은색이나 주황색으로 항상 빛이 난다고 합니다. 페리톤의 몸은 매우 단단해서 주술적인 공격이 아닌 다른 일반 무기들은 절대 통하지 않는다고 합니다.

　페리톤은 무리를 지어 다니며 다양한 곳에서 나타나는데, 항상 사람을 죽이려는 욕망으로 가득 차 있습니다. 이는 사람을 죽이고 그림자를 뺏어 가려는 것이라고 합니다. 하지만 한번 사람을 죽이고 그림자를 뺏어온 페리톤은 다른 사람을 죽일 수 없다고 합니다.

펠루다

프랑스 전설 　 야수형 (2~2.5m)

　온몸이 녹색 털로 덮인 드래곤 종류의 괴물로, 입에서 불을 뿜어대는 포악한 성격을 갖고 있습니다. 노아의 대홍수가 일어났을 때 신이 깜빡하고 펠루다를 챙기지 못했지만, 대홍수에서 살아남아 악만 남아 있다고 합니다.

　펠루다는 사람과 동물을 가리지 않고 잡아먹는데, 그중 여자와 아이를 가장 좋아한다고 합니다. 펠루다가 꼬리를 한 번만 휘둘러도 사람이든 짐승이든 모두 즉사한다고 합니다. 어떤 도시의 성벽도 펠루다를 막을 수 없고 누군가 펠루다를 쫓으면 강으로 유인해 물을 범람시키고 주변을 다 파괴한다고 합니다. 어느 날 펠루다가 한 어린 여자를 잡아먹고 자신의 서식지로 돌아갔는데, 그 여자의 약혼자가 펠루다의 뒤를 쫓아가 펠루다의 꼬리를 찔렀고, 이때 펠루다는 목숨을 잃었다고 합니다.

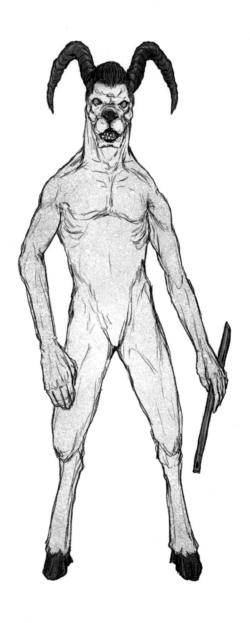

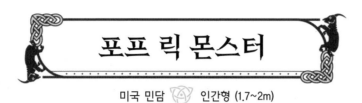

포프 릭 몬스터

미국 민담 인간형 (1.7~2m)

상반신은 염소, 하반신은 인간의 모습을 한 괴물로, 얼굴과 몸은 짧은 털이 덮여 있으며 머리에는 뿔이 튀어나와 있습니다. 켄터키주 루이빌 인근 피셔빌 지역의 노퍽 서든 레일로드 아래에서 둥지를 틀고 서식한다고 합니다.

포프 릭 몬스터는 사람들을 죽이기 위해 최면을 걸거나 신비한 소리를 이용해 사람들을 꾀어낸다고 하는데, 사이렌이 울리는 소리일 수도 있고 주변 사람의 목소리를 흉내 낸 소리일 수도 있습니다. 사람들을 달리는 기차에서 뛰어내리게 만들거나 선로로 유인해 기차에 치여서 죽게 합니다. 포프 릭 몬스터의 최면은 꽤 강력해서 쉽게 빠져나올 수 없으며, 최면에서 풀려난다고 해도 포프 릭 몬스터가 피 묻은 도끼를 들고 직접 사람들을 공격해 죽인다고 합니다.

현재 포프 릭 몬스터의 모습이 담긴 영상과 사진들이 떠돌고 있지만 모두 증명된 것은 아니며 실제로 포프 릭 몬스터를 찾아 떠난 사람 중 다시 돌아오지 못한 사람들도 많다고 합니다. 포프 릭 몬스터는 사람들을 파멸로 이끌기 때문에 실제로 만나는 것은 굉장히 위험한 일이라고 합니다.

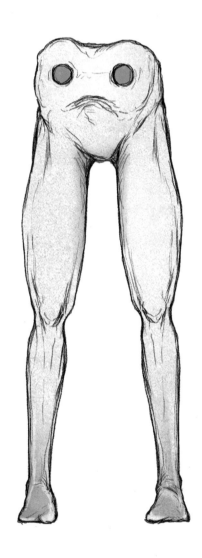

프레즈노 나이트크롤러

미국 민담 　악마형 (1.5m)

　사람의 하반신 모습을 한 괴물로, 상체가 없고 하반신 부분의 다리 두 개가 걸어 다니는 모습이며, 굉장히 얇은 다리와 하얀 피부색을 가지고 있습니다. 미국의 오래된 전설에 나오는 하얀 생물체와 비슷한 생김새여서 전설의 생물이라는 추측이 있습니다.

　프레즈노 나이트크롤러는 2011년에 어떤 남성의 카메라에 영상이 찍히면서 세상에 드러나게 되었는데, 이 영상이 온라인으로 퍼지면서 많은 사람의 호기심을 자극하고 있습니다. 영상 전문가가 그 영상을 분석했지만 조작되었다는 증거를 찾을 수 없었습니다. 하지만 프레즈노 나이트크롤러의 존재 또한 설명할 수 없어서 새로운 종족의 출현이나 외계인이 나타났다는 소문들만 퍼져나가고 있습니다. 첫 번째로 나타난 프레즈노 나이트크롤러의 영상만 조작되지 않았고 그 이후의 영상들은 모두 조작된 것이라고 합니다. 게다가 첫 번째로 영상을 공유한 사람은 사망하여 이제는 진실 여부를 확인할 수 없게 되면서 프레즈노 나이트크롤러에 대한 공포가 더욱더 커지게 되었습니다.

플랫헤드 레이크 몬스터

미국 전설 　 어류형 (5~7m)

　플랫헤드 호수에서 나타나는 거대한 뱀의 모습을 한 괴물입니다. 둥글 둥글하고 거대한 몸은 뱀장어의 모습을 하고 있으며 머리에는 뿔이 달려 있는데, 호수 위로 올라온 플랫헤드 레이크 몬스터의 뿔은 바위처럼 보인다고 합니다.

　플랫헤드 레이크 몬스터는 사람과 눈이 마주치면 그 사람의 영혼을 들여다볼 수 있다고 합니다. 많은 물고기가 모여 있는 곳에 자주 나타나며, 한번에 많은 양을 먹기 때문에 떼를 지어 다니는 물고기들을 찾아 다닙니다.

　호수 밑에서 주로 생활하지만, 가끔 호수 위로 올라오기도 합니다. 플랫헤드 레이크 몬스터가 수면 위로 올라오면 호수가 크게 흔들리고 진동이 발생한다고 합니다. 호수의 밑부분에는 거대한 구멍들이 여러 개 뚫려 있는데 이 구멍들은 플랫헤드 레이크 몬스터가 지나다니는 길이라고 합니다. 플랫헤드 레이크 몬스터는 혼자 다닐 때도 있지만 여러 마리가 함께 움직일 때도 있습니다. 사람에게 해를 끼치는 괴물은 아니며 오히려 사람이 위험에 처했을 때 도움을 주었다는 전설들이 있습니다.

피닉스

서양 전역 전설 🔯 조류형 (0.5m)

　붉은 새 모습의 괴물입니다. 피닉스는 붉은색과 주황색의 깃털이 온몸을 덮고 있으며 눈과 부리는 보석이 박혀 있는 듯한 모습입니다. 피닉스는 불멸을 상징하며 아라비아에서 태어나고 죽을 때는 이집트로 가 자신을 불태우고 다시 살아난다고 합니다. 피닉스는 세상에 단 한 마리만 존재하며 새로운 피닉스는 500년에 한 번씩 태어나는데, 수명이 다하면 온몸이 불에 타 잿더미로 변하고 남은 재에서 다시 태어난다고 합니다. 피닉스의 재에는 생명을 부활시키는 능력이 있다고 하여 많은 사람이 원하는 마법의 가루입니다.

　나무의 수액이나 태양의 열을 먹고 살며 장시간 비행을 해도 지치지 않고, 자신보다 몇 배나 무거운 짐도 나를 수 있다고 합니다. 피닉스는 위협을 받으면 온몸을 불길로 감싸고 자신을 보호합니다. 또한, 피닉스의 눈물은 치유 능력이 뛰어나 상처를 치료하는 것뿐만 아니라 독이나 질병을 없앨 수 있으며 죽은 사람도 되살릴 수 있다고 합니다.

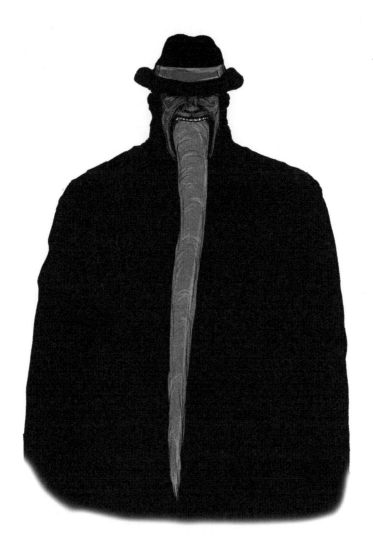

피시타코

페루 전설 인간형 (1.5~2m)

겉으로는 사람과 다른 부분이 없어 보이지만, 사람의 지방을 주식으로 먹는 괴물로, 피를 먹는 뱀파이어와 비슷한 종족이라는 전설이 내려오고 있습니다. 이들에게 지방은 젊음과 건강을 유지하고 생명력을 연장하는 원료입니다.

피시타코는 지방을 흡입할 수 있는 바늘 모양의 길쭉한 촉수를 가지고 있는데, 사람의 지방을 흡입할 때만 촉수가 나타나기 때문에 이 촉수를 확인하는 것은 매우 어렵다고 합니다.

피시타코는 깊은 숲속이나 인적이 드문 곳으로 사람들을 유인하여 그들만이 사용하는 특별한 가루로 사람들을 깊은 잠에 빠지게 하는데, 그 가루를 맞은 사람은 곧 의식이 없어지고 이때 지방을 흡입한다고 합니다. 피시타코의 공격을 받은 사람은 몸의 이상을 감지하지 못하고 몸에는 별다른 흔적이 남지 않는다고 합니다. 하지만 곧 건강이 심하게 악화하여 한 달 안에 목숨을 잃게 된다고 합니다. 피시타코는 사람의 지방만 빼내고 보내줄 때도 있지만 절단하여 고기로 만들어 놓을 때도 있습니다.

피아사

미국 전설　혼합형 (2m)

　다양한 동물들이 섞여 있는 모습의 괴물입니다. 얼굴은 사람과 비슷하지만 날카로운 이빨을 가지고 있으며 항상 험악한 표정을 짓고 있습니다. 커다란 새의 날개와 말의 몸, 그리고 긴 수염을 가지고 있으며, 온몸은 비늘로 덮여 있고, 머리에 달린 뿔은 사슴과 비슷해 보인다고 합니다.

　피아사가 울면 땅에서 진동이 느껴질 정도로 큰 소리가 나며, 숨을 내쉴 때는 코에서 불이 나올 때도 있다고 합니다. 피아사가 날개를 한 번 휘두르면 거대한 굉음이 들리면서 나무가 한 방에 쓰러질 정도로 강력한 바람이 분다고 합니다. 피아사는 사람들이 쉽게 오르지 못하는 높은 절벽이나 산 위에 둥지를 짓고 산다고 합니다.

　피아사는 사람을 주식으로 먹으며, 피아사의 눈에 띄게 되면 날카로운 발톱으로 낚아채 갑니다. 피아사에게 잡혀갔다가 살아 돌아온 사람은 아직 없다고 하며, 사람을 마구잡이로 잡아먹어서 '악령의 새'라고 불리기도 합니다.

피지터

프랑스 전설 　어류형 (25~27m)

　　고래의 모습을 한 괴물입니다. 온몸이 두꺼운 검은 가죽으로 덮여 있고 둥근 입과 날카로운 이빨이 달려 있습니다. 거대한 몸집을 가지고 있으며 꼬리 두께만 4~7m라고 합니다. 피지터는 바닷속을 돌아다니며 지나가는 배를 일부러 침몰시키는데, 선원들이 어떠한 공격을 해도 통하지 않는다고 합니다. 자신의 꼬리로 배를 감싼 후 순식간에 산산조각 내버립니다. 몸속으로 물을 빨아들인 후 등으로 내뿜기도 하며 이를 통해 배를 공격하기도 합니다.

　　피지터를 만나면 대부분 목숨을 잃게 되지만, 큰 소리를 내 피지터를 놀라게 만들거나 여러 물건을 던져 정신을 혼란스럽게 만들면 피해갈 수도 있다고 합니다. 오래전 누군가 피지터를 붙잡아 왕에게 바쳤지만, 악취가 너무 심해 오래 둘 수 없었다는 이야기도 전해집니다.

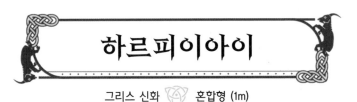

하르피이아이

그리스 신화 　혼합형 (1m)

　새의 몸에 인간 여성의 얼굴이 달린 괴물입니다. 창백하고 끔찍한 외모에 날카로운 발톱을 가지고 있습니다. 주로 해안가에서 서식하며 여러 마리가 무리를 지어 함께 살고 이동할 때도 같이 움직인다고 합니다.

　하르피이아이는 파괴하는 것을 좋아하는 잔인한 성격으로 인간 세상에 커다란 혼돈과 파괴를 가져오며 사람들을 자주 괴롭힙니다. 마음에 들지 않거나 잘못을 저지른 인간들을 타르타로스(지옥)로 끌고 가 끊임없는 고통을 안겨 준다고 합니다. 하르피이아이는 절대 만족할 줄 모르고 항상 굶주려 있다고 합니다.

　보통의 새들보다 빠른 속도로 날아다니며 사람들의 물건을 약탈하거나 죽은 사람의 영혼을 낚아채 갑니다. 히르피이아이가 지나간 자리에는 심한 악취가 풍겨 사람들이 괴로워한다고 합니다. 한편, 하르피이아이의 나는 속도는 바람과 같다고 하여 '바람'을 상징하고 바람과 함께 생명력을 불어넣는다는 전설이 전해지기도 합니다.

히포그리프

그리스 로마 신화, 유럽 전역 전설 혼합형 (2m)

　말의 몸에 독수리 머리와 날개가 달린 괴물로, 발굽은 뾰족하고 앞이 갈라져 있으며 붉은 눈을 가지고 있습니다. 히포그리프는 괴물 그리핀과 암말 사이에서 태어났으며, 사방이 얼음으로 이루어진 북쪽 깊은 산속에 서식한다고 합니다.

　히포그리프는 밤이 되면 엄청난 통증에 시달리며 이리저리 날뛰기 시작하는데, 이때 등에서는 날개가 돋아나고 머리는 뱀처럼 변하며 다리에서는 날카로운 발톱이 자라난다고 합니다. 몸의 옆쪽에서는 단단한 비늘이 나기도 하는데, 아침이 되면 같은 통증을 느끼면서 본래의 모습으로 돌아온다고 합니다.

　히포그리프는 훈련만 잘 시키면 최고의 전쟁용 말로 쓰일 수 있기 때문에 많은 사람들이 원했으며, 마법의 고삐를 사용해 히포그리프를 길들이거나 히포그리프의 광기를 고친 후 몰고 다닌 사람들이 종종 있었다고 합니다.

서양 문화 속 괴물들의 이야기

괴물 도감 서양편

2021. 9. 7. 초 판 1쇄 인쇄
2021. 9. 14. 초 판 1쇄 발행

지은이 | 고고학자(강석민)
펴낸이 | 이종춘
펴낸곳 | BM ㈜도서출판 **성안당**
주소 | 04032 서울시 마포구 양화로 127 첨단빌딩 3층(출판기획 R&D 센터)
   | 10881 경기도 파주시 문발로 112 파주 출판 문화도시(제작 및 물류)
전화 | 02) 3142-0036
   | 031) 950-6300
팩스 | 031) 955-0510
등록 | 1973. 2. 1. 제406-2005-000046호
출판사 홈페이지 | **www.cyber.co.kr**
ISBN | 978-89-315-5770-1 (03900)
정가 | 23,000원

이 책을 만든 사람들
책임 | 최옥현
진행 | 김해영
교정 · 교열 | 김해영
본문 디자인 | 오지성, 고고학자
표지 디자인 | 박원석
홍보 | 김계향, 유미나, 서세원
국제부 | 이선민, 조혜란, 권수경
마케팅 | 구본철, 차정욱, 나진호, 이동후, 강호묵
마케팅 지원 | 장상범, 박지연
제작 | 김유석

이 책의 어느 부분도 저작권자나 BM ㈜도서출판 **성안당** 발행인의 승인 문서 없이 일부 또는 전부를 사진 복사나 디스크 복사 및 기타 정보 재생 시스템을 비롯하여 현재 알려지거나 향후 발명될 어떤 전기적, 기계적 또는 다른 수단을 통해 복사하거나 재생하거나 이용할 수 없음.

■ 도서 A/S 안내

성안당에서 발행하는 모든 도서는 저자와 출판사, 그리고 독자가 함께 만들어 나갑니다.
좋은 책을 펴내기 위해 많은 노력을 기울이고 있습니다. 혹시라도 내용상의 오류나 오탈자 등이 발견되면 **"좋은 책은 나라의 보배"**로서 우리 모두가 함께 만들어 간다는 마음으로 연락주시기 바랍니다. 수정 보완하여 더 나은 책이 되도록 최선을 다하겠습니다.
성안당은 늘 독자 여러분들의 소중한 의견을 기다리고 있습니다. 좋은 의견을 보내주시는 분께는 성안당 쇼핑몰의 포인트(3,000포인트)를 적립해 드립니다.
잘못 만들어진 책이나 부록 등이 파손된 경우에는 교환해 드립니다.